해외 여행자의
의사소통을
책임지는 책

하나, 둘 해외여행 일어

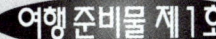
여행준비물 제1호

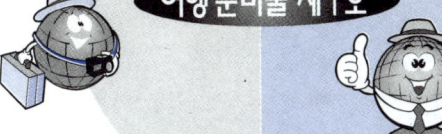

국제언어교육연구회 엮음

하나, 지금 닥친 상황에 꼭 해야 할 한 마디
둘, 외국인이 물어올 예상되는 두 마디

太乙出版社

책·머·리·에

   해외여행이 완전히 자유화 되면서 여행하는 사람들의 수가 날로 많아지고 있습니다. 자국을 여행하는 것도 큰 어려움으로 생각했던 시대는 가고 지금은 세계일주까지도 보통으로 생각하는 세상에 살고 있습니다.

   낯선 땅을 여행하며 그곳의 경치를 즐기고 온갖 볼거리를 구경하면서 풍물을 배우는 것보다 더 즐거운 일은 없습니다. 해외여행은 유익한 기회가 되어야 하며 미지의 세계를 찾는 일은 견문을 넓히는 기회로 보고, 듣고, 느낀 것이 모두 유익한 교양이 되도록 해야 합니다.

   국내여행보다는 비용이 많이 들기 마련이어서 해외여행은 알뜰해야 하는데 이렇게 귀중한 기회인 해외여행을 유익하고 알뜰하게 하려면 무엇보다도 먼저 빈틈없는 계획과 준비를 해야 합니다.

   뚜렷한 여행 목적을 가지고 무엇을 위해 해외여행을 하는가를 확실히 해야 합니다. 여행 목적이 세워졌으면 이에따라 목적지, 여행방법, 여행시기 및 기간, 경비 등의 구체적인 계획을 세웁니다. 이 모든 즐거운 계획들이 효과적으로 원만히 진행되려면 무엇보다 중요한 것은 의사소통 문제입니다. 가장 기본적인 문제는 발길을 옮길때마다 일어나는 상황에서 꼭 알아들어야 되고 꼭 해야 할 표현을 못듣고, 못하여 실수를 하거나 난처한 경우를 당하는 일입니다.

실수를 통해 배운다는 말도 있지만 실수하지 않고 배우는 것은 더욱 지혜로운 일입니다. 예전과는 달리 우리의 국력에 걸맞게 최소한의 체면을 지키고 국제적인 매너에도 자연스럽게 적응하는 일이 필요합니다.

이 하나, 둘 해외여행 일어는 여행하는 분들로 하여금 언어 소통에 불편이 없도록 하여 편안한 여행이 되도록 만들어졌습니다. 휴대하기가 간편하여 수시로 이용할 수 있고 우리말로도 쓰여 있어 편리하게 되어 있습니다.

"하나, 둘"에서, 하나는 지금 닥친 상황에 꼭 해야 할 한마디를 말하며, 둘은 외국인이 물어올 예상되는 두 마디를 말합니다.

출국과 여행, 그리고 귀국에 이르기까지 빈틈없이 상황을 부여하여 하나와 둘을 기록했으므로 정말 기분 좋은 여행이 되실 것입니다.

그리고 보다 더 만전을 기하고 싶어하는 분들을 위해서 뒷부분의 부록에 최종 점검을 할 수 있도록 해 두었으니 많이 이용하시기 바랍니다.

대망의 21세기가 활짝 열리면서 국제화, 개방화의 급속한 변화 추세 속에서 국가도 웅비하고 개인도 부강하고 이 책을 공부하는 여행자에게도 비약이 있기 바라며 또 그렇게 되기를 확신해 마지 않습니다.

편집부

글 · 싣 · 는 · 순 · 서

책 머리에 — 3

여행준비는 이렇게 하세요 — 10
- 여권 비자 ● 항공권 ● 보험 ● 환전
- 출입국절차 ● 탑승수속 ● 세관 ● 검역
- 출국심사 ● 입국절차

꼭 알아야 할 단어 — 12

꼭 알아야 할 감탄사 — 14

미리 알아둘 표현 — 16

상황 1 기내에서 — 18
상황 2 기내에서 — 20
상황 3 기내에서 — 22
상황 4 경유지에서 — 24
상황 5 갈아탈 때 — 26

주요관광국 정보소개 — 28
- 중국 ● 오스트레일리아
- 영국 ● 프랑스
- 스위스 ● 미국
- 캐나다 ● 사우디아라비아

입국절차 — 36
- 상황 6 입국심사 — 38
- 상황 7 세관검사 — 40

입국신고서/세관신고서 — 42

환전 — 44
- 상황 8 환전소 (1) — 45
- 상황 9 환전소 (2) — 46

여행객의 기본 상식 — 47

환전을 마친 여행객 — 52
- 상황 10 전화로 호텔예약 — 52
- 상황 11 택시기사에게 — 58
- 상황 12 길을 잃었을 때 — 60
- 상황 13 숙박절차를 밟을 때 — 62
- 상황 14 방에서 식사를 주문할 때 — 64
- 상황 15 시내 식당 예약 — 66
- 상황 16 시내 식당에서 — 68
- 상황 17 약국에서(1) — 70

상황 18 약국에서(2)— 72
상황 19 카메라점에서— 74
상황 20 관광지에서 사진을 찍을 때— 76
상황 21 현지에서 차를 빌릴 때— 78
상황 22 랜트회사에서— 81
상황 23 대중교통수단 (버스)— 82
상황 24 지하철— 84
상황 25 호텔에서 서울로 전화— 88
상황 26 기차여행을 할 때— 91

전화하는 방법— 94

자세한 비자업무안내— 95

세계의 표준 시간대— 98

사고 발생시의 기록— 100

일본의 편리한 교통정보— 102

유용한 표현— 110
상황 27 렌터카로 휴양지에— 118
상황 28 휴양지에서— 120
상황 29 여행중 병원에서(1)— 126
상황 30 여행중 병원에서(2)— 128
  그밖에 환자가 해야 할 표현— 130
  그밖에 의사가 하는 말— 133
상황 31 소매치기— 137

상황 32 도난사고 — 138
상황 33 교통사고 — 140
상황 34 여행국에서 비행기 예약 — 141
상황 35 예약이 유효한지 확인 — 142
상황 36 예약 변경 — 144
상황 37 귀국 비행기 예약 재확인 — 146
상황 38 호텔에서 계산을 하고 나올 때 — 148

여행중 알아두어야 할 단어 — 151 ~ 160
상황 39 탑승하라는 방송 (1) — 161
　　　　탑승하라는 방송 (2) — 162
상황 40 면세점에서 — 164

부록 1 총정리와 총점검 166 ~ 190
부록 2 기본 표현들 191 ~ 222

포켓
하나, 둘 해외여행 일어

여행준비는 이렇게 하세요

여 권 해외여행 신분증명서
 (1) 소양교육과 신원조회를 마치고 외무부 여권과에서 발급 받으세요.
 (2) 지방의 경우는 각 시도 여권계에서 발급 받으세요.
 (3) 수속하는데 열흘 정도 걸립니다.

비 자 여행 대상국에서 입국을 허가해 주는 입국사증
 (1) 우리나라와 상호 비자 면제 협정을 맺은 나라와 맺지않은 나라가 있는 점에 유의하시기 바랍니다.

항공권 비행기표
 (1) 여행 일정에 알맞는 항공편을 미리 예약해두세요.
 (2) 한 곳에 몇일 이상 머물 때는 출발 3일전에 반드시 항공편을 예약 재확인 해두어야 합니다.

보 험 상해·질병·항공기 납치 등의 뜻밖의 사고에 대비해 보험에 들어두면 안심할 수 있습니다.

환 전 은행에서 해외 통용 외화로 바꾸어야 합니다.
 (1) 여행자수표는 환전한 다음 윗쪽에 서명하고 쓸 때 아랫쪽에 서명합니다.
 (2) 신용카드로 사용할 수 있으며 귀국후 우리나라 돈으로 결재가 가능합니다.

출입국절차 공항이나 또는 항만에서 세관·출입국심사·검역의 절차를 밟게 됩니다.
(1) 출국할 때 공항에는 보통 2~3시간 전, 늦어도 1시간 전에 도착해야 합니다.

탑승수속 이용하는 항공사의 데스크를 찾아가셔야 합니다.
(1) 여권과 항공권을 제시하고 공항세를 내면 항공권의 좌석을 배정 받습니다.
(2) 이때 수하물을 탁송 처리합니다.
(3) 좌석이 적힌 탑승권과 화물인환증을 받아 출국장으로 갑니다.

세 관 보안 검사를 마치고 휴대품에 대한 검사를 받습니다.
(1) 값비싼 물건은 신고해 두어야 입국할 때 세금을 물지 않습니다.

출국심사 여권, 항공기탑승권, 출국신고서를 내면 최종심사후 여권에 스탬프를 찍어 돌려 줍니다.
(1) 이곳을 나오면 탑승 대기실입니다.
(2) 탑승권에 찍힌 번호의 탑승구로 가면 됩니다.

검 역 전염병 발생지역을 여행하는 경우 예방접종카드를 확인하지만 일반적으로 생략합니다.

입국절차 출국절차와 정반대입니다. 검역에 이어 여권·입국신고서를 내고 수하물을 찾고 세관에서 통관 절차를 밟습니다.

꼭 알아야 할 단어

1. **여권** : 료켄
   りょけん

2. **비자** : 비자
   ビザ

3. **항공권** : 코오쿠우켄
   こうくうけん

4. **환전** : 료오가에
   りょうがえ

5. **항공편 예약 재확인** : 요야쿠노 사이가꾸닌
   よやくのさいかくにん

6. **이서** : 우라가끼
   うらがき

7. **보험·보험금(액)** : 호켕 호켄킨
   ほけん・ほけんきん

8. **탑승수속** : 도오조오테쓰즈끼
   とうじょうてつづき

9. **세관** : 제이깡
   ぜいかん

10. **출국심사** : 슉꼬꾸 데쓰즈끼
    出国手続(てつづき)

11. **검역** : 겡에끼
    検疫(けんえき)

12. **입국절차** : 뉴우꼬꾸 데쓰즈끼
    入国手続

13. **출국허가** : 슉꼬꾸쿄까
    出国きょか

14. **입국허가** : 뉴우꼬꾸쿄까
    入国きょか

15. **탑승권** : 도오조오켕
    とうじょうけん

16. **화물인환증** : 카모쯔히키카에
    かもつひきかえ

17. **탑승구** : 도오조오구치
    搭乗口(とうじょうぐち)

18. **예방접종카드** : 요보오셋슈카아도
    よぼうせっしゅカード

19. **수하물 찾는 곳** : 데니모쓰오 사가스토코로
    手荷物(てにもつ)をさがすところ

20. **공항수하물보관소** : 쿠우코오노 테니모쓰노 호칸쇼
    くうこうの手荷物のほかんしょ

21. **호텔에서의 투숙절차** : 호테루데노 도오슈꾸노 데쯔즈키
    ホテルでの投宿のてつづき

22. **호텔의 계산(방을 비우기 위해)** : 호테루노 케이산
    ホテルでのけいさん

23. **호텔귀중품보관소** : 호테루노 키쵸오힌노 호칸쇼
    ホテルでのきちょうひんのほかんしょ

꼭 알아야 할 감탄사

1. 야아!, 아아! : 야아 아아
   やあ! ああ!

2. 참 멋지다! : 토테모 스테키다
   とてもすてきだ

3. 참 사랑스럽다! : 토테모 가와이라시이
   とてもかわいらしい

4. 참 귀엽다! : 가와이
   かわい

5. 정말 훌륭하다! 혼또오니에라이 ほんとうにえらい
   정말 굉장하다! 토테모스바라시이 とてもすばらしい
   굉장히 멋지다! 혼또오니스테끼다
   ほんとうに すてきだ

6. 엉터리!, 거짓말! : 헤보 우소
   へぼ! うそ!

7. 좋소! 좋아! 찬성이요! : 산세이데스요
   さんせいですよ

8. 뭣! 저런! 어머나! : 안나
   あんな! (놀람·분노의 소리)

9. 이런! 참! 야! 물론! : 모치론
   もちろん (지루함·실망·유쾌함·놀라움)

10. 잘했다! 훌륭하다! : 요꾸시다 릿빠다
    よくした! りっぱだ

11. 아니! 설마! : 마사까
    まさか
12. 아, 차가 있었으면! : 아 구루마가 앗따라
    あ！ くるまがあったら
13. 음, 저, 아니 : 아노
    あの (주저·의문 등을 나타낼 때)
14. 재미있다! : 오모시로이
    おもしろい
15. 아휴! : 앗
    あっ！ (피로감·안도·기쁨·놀람·실망·당황·불쾌)
16. 와! 야! : 와아 야아
    わあ！ やあ！
17. 제기랄! 이크! : 치엣
    ちえっ
18. 야단났다! 슬프다! 괘씸하다! : 다이헨다 가나시이
    후라치다　たいへんだ、かなしい、ふらちだ
19. 글쎄, 저어, 그건 그렇고, 그런데 : 하데 아노 샤까시
    はて、あの、しかし (말을 계속하거나 용건을 꺼낼 때)
20. 아이고, 후유, 에라, 과연, 원참, 그래 : 아아 후우
    ああ、ふう (안심·체념·양보)
21. 살았다! 아, 고마워라! : 아리가타이 다스갔따
    ありがたい、たすかった。

 # 미리 알아둘 표현

1. **말씀하신 것을 이해를 못합니다.**

   옷샤타코토오 리까이데끼마셍
   おっしゃったことをりかいできません。

2. **일어가 서투릅니다.**

   니홍고가 헤타데스
   日本がへたです。

3. **부끄러운 말이지만,**

   하즈까시이데스가
   はずかしいですが、

4. **하고픈 말을 충분히 못합니다.**

   하나시타이코토가 탁상 아리마스가 헤타데스
   話したいことがたくさんありますがへたです。

5. **일어를 잘하려고 노력하고 있습니다.**

   니홍고가 죠오즈니 나로오또 간밧떼이마스
   日本が上手になろうとかんばっています。

6. **뭐라구요, 다시 한번 더 말해주세요.**

   나니 모오이치도 하나시떼 구다사이
   何、もういちどはなしてください。

7. **대답할 바를 모르겠습니다.**

   <small>고타에루코또가 무리데스</small>
   こたえることがむりです。

8. **안타깝습니다. (답답하다)**

   <small>기노도꾸다</small>
   きのどくだ。

9. **하고픈 말이 빨리 안되는군요.**

   <small>하나시따이고또가 요꾸 데끼마셍</small>
   はなしたいことがよくできません。

10. **말문이 콱 막혀 버리네요.**

    <small>구치가 키케나인데스네</small>
    くちがきけないんですね。

11. **알겠습니다. 아, 그렇군요.**

    <small>와까리마시타 아 소우데스네</small>
    わかりました。あ！ そうですね。

12. **덕분에 또 한 가지 알았군요. (덕분에 배우는게 많군요)**

    <small>오카게사마데 마타 히또쯔 와카리마시다</small>
    おかげさまでまたひとつわかりました。

기내에서

상황 1

여러분 모두 타십시오!

미나상 놋떼구다사이

みなさんのってください。

> 기내에서 좌석을 찾을 때

여행객: **이것이 나의 좌석번호인데 좀 도와 주시겠습니까?**

고레가 와따시노 세끼노 방고오데스가 좃또 타스케데쿠다사이마센까
これがわたしの席の番号ですが
ちょっとたすけてくださいませんか。

스튜어디스: **네, 이쪽으로 오십시오.**

하이 코치라에 이랏샤이마세
はい、こちらへいらっしゃいませ。

이것이 당신 좌석입니다.

고레가 아나타노 세끼데스
これがあなたのせきです。

여행객: **감사합니다.**

아리가또오고자이마스
ありがとうございます。

스튜어디스가 승객에게 할 예상되는 말

스튜어디스 : **손님 좌석은 통로에 있습니다.**

오캬꾸상노 자세키와 쯔으로니 아리마스
お客さんのざせきは通路にあります。

스튜어디스 : **저기 창가 좌석이군요.**

아소꼬노 마도가와노자세키데스네
あそこのまど側のざせきですね。

스튜어디스 : **탑승권을 보여주십시오.**

고오꾸우껭오 미세떼구다사이
航空券を見せてください。

스튜어디스 : **여기 있습니다.**

코코니 아리마스
ここにあります。

스튜어디스 : **만일 무슨 도움이 필요하시면 이 호출 단추를 누르세요.**

모시 난노 타스케가 아루또 고노요비다시보탄오 오시떼구다사이
もし何のたすけがあるとこの呼び出しボタンをおしてください。

스튜어디스 : **실례합니다. 좀 지나가겠습니다.**

시쯔레이데스가 좃또 도오시데 구다사이마셍까
しつれいですが、ちょっととおしてくださいませんか。

기내에서

상황 2

대한항공에 탑승하신 것을 환영합니다

카아루오고 료오시떼 구다사이마시떼 아리가또오고자이마스
KALをごりょうしてくださいましてありがとうございます。

▶ 승객의 요구 사항

여행객: 비행기 멀미에 먹을 약을 좀 갖다 주십시오.

히코오키니 요우노데 구스리오 좃또 구다사이마센까
ひこうきによう のでくすりをちょっとくださいませんか。

여행객: 만일 빈자리가 있다면 창쪽자리를 쓰고 싶습니다.

모시 구우세끼가 앗따라 마도가와노자세끼오 구다사이
もし空席があったらまど側のざせきをください。

여행객: 오렌지주스 좀 주시겠습니까?

오렌지쥬스오 구다사이마센까
オレンジジュースをくださいませんか。

여행객: 담요 한 장 사용했으면 합니다.

모우후오 이치마이 구다사이
毛布をいちまいください。

여행객 : **신문을 보고 싶습니다.**

신붕가 요미타인데스
しんぶんがよみたいんです。

여행객 : **토할 것 같습니다.**

하쿠요오데스
はくようです。

종이백 좀 주시겠습니까?

오오또부꾸로오 춋또 구다사이마센까
嘔吐袋をちょっとくださいませんか。

스튜어디스 : **좌석 주머니에 있습니다.**

자세끼노 포켓토니 아리마스
ざせきのポケットにあります。

여행객 : **화장실은 어디에 있습니까?**

오테아라이와 도코니 아리마스까
おてあらいはどこにありますか。

스튜어디스 : **곧장 앞으로 나가십시오.**

맛스구 이랏샷떼 구다사이
真直ぐいらっしゃってください。

기내에서

상황 3

신사 숙녀 여러분

래이디 젠틀맨
レディーズアンドゼントルマン。

▶ 기내 방송을 알아듣는 요령

1: **신사 숙녀 여러분,**

래이디 – 젠틀맨
レデイーズアンドゼントルマン、

2: **○○○항공을 이용해주셔서 환영합니다.**

○○○쿠오코우오 고리요오시데 구다사이마시데 아리가또오고자이마스
○○○くうこうをごりょうしてくださいましてありがとうございます。

3: **본 ○○○편 여객기는 ○○○을 경유하여 ○○○로 가기 위해 이제 떠나겠습니다.**

○○○빈노 히코오끼와 ○○○오 케이유시떼 ○○○에 이꾸 타메니 모오 슛빠쯔시마스
○○○便のひこうきは○○○を経由して○○○へ 行くためにもう出発します。

4: **좌석을 똑바로 하시고 벨트를 매어주시기 바라며 담배는 금연등이 꺼질 때까지 삼가해주시기 바랍니다. 감사합니다.**

세끼오 맛스구니시데 베루토오 시밧떼 타바코와
스와나이데구다사이

せきをまっすぐにしてベルトをしばって
たばこはすわないでください。

どうぞ～てください 도우조 ~ 데구다사이	부디, 제발 ~십시오.
あなたのせきを～ だ状態にしろ 아나타노세끼노 ~ 다조오타이니시로	너의 자리를~한 상태로하라
かんげいする 간게이스루	환영하다.
ただしいしせい 타다시이시세이	똑바른 위치로
ひこうきにのって 히코오키니놋떼	비행기를 타고
ただしい 타다시이	똑바로선, 고추선, 똑바른
いち 이치	위치
ひこうきびん 히코오키빈	비행편
ちゃくようする 차꾸요오스루	매다
あんぜんベルト 안젠베루또	안전벨트
もうでる 모오데루	이제 떠난다.
～をきんずる ~오킨즈루	~을 금하다.
きつえん 키쯔엥	흡연
まで 마데	까지
きんえんランプ 긴엥란푸	금연등
きえる 기에루	꺼지다.
にむかって 니무깟데	~에 향하여, ~에 가려고
けいゆで 게이유데	~을 경유하여
けす 게스	끄다.
つける 쯔케루	켜다.

기내 방송을 알아듣는 요령

경유지에서

상황 이 통과카드는 갖고 계셔야 합니다.

고노 쯔오까가아도와 못떼 이랏샤라 나께레바나리마셍
このつうかカードはもっていら
っしゃらなければなりません。

▶ 경유지에서 잠시 내려서

스튜어디스 : **이 통과카드를 갖고 계십시오.**

고노 쯔오까카아도오 못떼 이데구다사이
このつうかカードをもっていてください。

여행객 : **이 길로 가면 대합실이 나옵니까?**

고노 미치에 이쿠또 마치아이시쯔가 아리마스까
この道へ行くとまちあいしがありますか。

다른여행객 : **네, 그렇습니다.**

하이 소오데스
はい、そうです。

저도 같은 방향입니다.

와타시모 오나지 호오코우데스
私もおなじほうこうです。

스튜어디스 : **통과여행객이신가요?**

쯔으카 료오갸꾸데스까
つうかりょうきゃくですか。

여행객 : **네, 그렇습니다.**

하이 소오데스
はい、そうです。

여기 있습니다.

코코니 아리마스
ここにあります。

정시에 떠납니까?

데이지니 데마스까
ていじにでますか。

스튜어디스 : **네, 그렇습니다.**

하이 소오데스
はい、そうです。

주의 : 경유지에서 잠시 내릴 때 주었던 추랜싯 카드(통과카드)는 다시 탈 때 회수합니다.

갈아탈 때

상황 5

어느 비행기로 갈아탑니까?

도노 히꼬오끼니 노리가에마스까
どのひこうきにのりかえますか。

➤ 갈아탈 비행기편의 확인

여행객: **나는 통과여객입니다.**

와타시와 쯔으까료오갸꾸데스
私はつうかりょうきゃくです。

비행기를 갈아타야 합니다.

히코오키오 노라까에나케레바나리마셍
ひこうきをのりかえなければなりません。

탈 비행기편의 확인은 어디에서 합니까?

히코오키빈노카쿠닌와 도코데시마스까
ひこうきびんのかくにんはどこでしますか。

항공사직원 : **이층으로 올라가십시오.**

니카이에 아갓떼구다사이
にかいへあがってください。

여행객 : **갈아타는 비행기는 어디에서 탑니까?**

노리까에루 히고오키와 도코데 노리마스까
のりかえるひこうきはどこでのりますか。

직원 : **10번 게이트입니다.**

쥬우반 게에토데스
10番ゲートです。

여행객 : **몇 시에 떠납니까?**

난지니 데마스까
何時に出ますか

직원 : **2시 30분에 떠납니다.**

니지산짓뿐니 데마스
二時30分に出ます。

주요관광국

중국 CHINA
정보소개

- 면　　　적 : 960만 km²
- 종　　　교 : 불교, 유교, 도교
- 종　　　족 : 한족 93.3%와 55개 소수민족의 복합민족
- 국　　　화 : 모란(the tree peony)
- 상징적 동물 : 팬더(panda)(티베트·중국 남부산 흑백곰의 일종)
- 국 민 성 : 매우 조심스럽고 체면을 중시하고, 실리를 중시한다. 원칙의 범위내에서 융통성이 많다.
- 기　　　후 : 3월부터 5월까지가 봄이며 날씨는 따뜻하지만 바람이 자주 불고 황사가 심한편이다.
　　　　　　여름은 대륙성 고온이고 또 남부지방은 열대성 고온으로 밤이나 낮이나 견디기 힘들다.
　　　　　　가을 날씨는 전국이 고루 쾌적하여 우리나라와 비슷하지만 동북부 지방은 10월중순만 되면 우리나라의 겨울 날씨와 같다.

■ 꼽히는 관광명소

6월말부터 8월중순이 백두산 관광 시기이다. 천단과 북경 근교에 있는 만리장성과 이화원 명십삼릉 그리고 북경시내에 있는 천안문, 자금성 등이다.

주요관광국 오스트레일리아 Australia 정보소개

- 면　　　적 : 768만 2천 km²
- 종　　　교 : 기독교
- 상징적 동물 : koala (코우알러), kangaroo (캥거루—)
- 인기스포츠 : rugby(럭비), cricket(크리킷)
- 국 민 성 : 보수적 성향이 강하다. 여성의 사회적 활동이 활발하다.
- 기　　　후 : 서부지역의 40%와 북부지역의 80%가 열대성이지만 그외는 온대성기후이다.
  오스트레일리아 동해안의 항구도시로 뉴 싸우스 웨일즈(New South Wales)주의 수도인 시드니(Sydney)지역은 평균 22℃~11℃로 사철 온화한 기후이다. 강우량은 1200mm 내외이다.

■ 꼽히는 관광명소

Blue Mountains	블루 마운튼즈	블루산맥
Botanical Garden	버태니컬 가든	식물원
Harbor Bridge	하어버 부리지	하어버 다리
Hawksbury River	혹크스베리 리버	혹크스베리 강
Opera House	아퍼러 하우스	가극장
Palm Beach	팜 비치	팜해변 관광지
Taronga Park Zoo	타론가 파크 쥬	타론가동물원

주요관광국 영국 정보소개
THE UNITED KINGDOM of GREAT BRITAIN and NORTHERN IRELAND

- 면　　적 : 24만 4천 km²
- 종　　교 : 영국성공회 50%, 카톨릭 11%
- 국　　화 : 장미
- 상징적 동물 : 사자, 여우, 배져(badger 오소리)
- 인기스포츠 : rugby(럭비), cricket(크리킷)
- 기　　후 : 해양성 기후로 밤과 낮, 여름과 겨울의 기온 차가 적으며 흐리기 쉽고 비가 많은 편이다. 체감온도는 상당히 낮아서 여행객은 코트 등을 준비해 가야한다.

■ 꼽히는 관광명소

Tower of London/Tower Bridge　타워 부리지
Buckingum Palace　버킹엄 팰리스　　　　버킹엄 궁전
Parliament/Whitehall　와잇트 홀　　　　영국관청 소재지역
Westminster Abbey　웨스트민스터 애비　웨스트민스터 성당
St Paul's Cathedral　세인 폴즈 커스드럴　성바울 대성당
Hyde Park　하이드 팍　　　　　　　　런던의 공원
British Museum　부리티쉬 뮤지엄　　　대영박물관
Piccadilly Circus　피커딜리 써커스　　런던번화가의 중심광장
Stratford-on-Avon　스트렛퍼드 온 에이번(영국 중부지방의 도시로 Shakespeare의 출생지이다).

주요관광국

프랑스 THE FRENCH REPUBLIC

정보소개

- 면   적 : 54만 7천km²
- 종   교 : 천주교 91%, 회교, 개신교, 유태교
- 국   화 : 백합
- 상징적 동물 : 닭
- 인기스포츠 : 축구, 럭비, 테니스
- 기   후 : 대부분이 온대지역이지만 지역적으로 차이가 있다. 연 평균기온은 11℃ ~ 12℃. 12월에서 2월중이 가장 낮고 7 ~ 8월이 가장 높다. 고산악성 기후, 대서양성 기후, 지중해성 기후 그리고 대륙성 기후까지 고루 나타낸다.

■ 꼽히는 관광명소

개선문, 에펠탑, 노트르담 대성당, 엘리제궁, 루브르박물관, 바시티유 광장, 앵발리드, 오페라좌, 콩코르드 광장, 몽마르트르 언덕, 19세기 박물관, 시청, 경시청, 샤이오궁, 미결수감옥과 부속 성당, 지하무덤(카타콩부), 나르강변의 고성채, 베르사이유 궁전, 샹티이성, 퐁텐불로성, 노르망디 상륙작전지역

주요관광국
스위스 THE SWISS CONFEDERATION
정보소개

- 면   적 : 4만 1300km²
- 종   교 : 카톨릭, 신교
- 국   화 : 에델바이스
- 상징적 동물 : 사슴
- 인기스포츠 : 아이스하키, 스키, 승마, 수중잠수, 테니스
- 기   후 : 좁은 국토에 서쪽의 대양성기후와 동쪽의 대륙성기후의 영향을 받아 지역별 기후의 차이가 있으며 경치 또한 여러 모양을 보인다.
- 언   어 : 독일어, 불어, 이태리어, 로만쉬어, 기타
- 예   절 : 식사후 코푸는 것은 실례가 아니지만 식사중 소리를 내면 실례가 된다.
- 특   징 : 우리나라처럼 사계절이 있으나 여름은 우리나라보다 덜 덥고 겨울은 우리나라보다 덜 추운 것이 특징이다.

■ 꼽히는 관광명소

몽불랑, 융프라우, 마타호른의 알프스 3대 관광지.
그외 리틀리스, 리기산, 필라투스, 샌티스산 등의 알프스 관광지. 츄리히호, 레만호, 보덴호수, 루쨴른호 등은 호수관광지이며 아파마레온천, 라인강폭포, 루가노휴양지, 쮜어짜아온천 등이 있다.

주요관광국 미국 정보소개
THE UNITED STATES of AMERICA

- 면 적 : 937만 km²
- 종 교 : 신교, 카톨릭교
- 국 화 : 각주별로 다름
- 국 기 : 독수리표가 미국의 국장
- 인기스포츠 : 미식축구, 야구, 농구 등
- 기 후 : 열대에서 한대까지 고루 걸쳐있다.

  북부는 냉대에 속하여 겨울에는 눈바람이 휘몰아치는 한파가 온다. 서경 100°를 경계로 하여 서쪽지방은 건조지대이다. 태평양 연안지역은 온화한 기후가 이어지지만 멕시코만, 대서양쪽의 중남부지방은 돌풍이나 허리케인 발생이 잦다.

■ 꼽히는 관광명소

워싱턴 지역 : 백악관, 국회의사당, 알링턴 국립묘지, 워싱턴 마뉴먼트, 제퍼슨기념관, 스미소니언 박물관

뉴욕 지역 : 엠파이어스테이트, 월드추레이드센터, 자유의 여신상, 그린위치빌리지, UN본부, 웨스트포인트, 링컨쎈터, 성패추릭성당, 록펠러센터

필라델피아 지역 : 자유의 종, 독립기념관

플로리다 지역 : 디즈니월드, 케네디스페이스센터

오대호 지역 : 나이아가라 폭포

시카고 지역 : 시어타워

주요관광국
캐나다 CANADA
정보소개

- 면 적 : 992만 2천 km²
- 종 교 : 카톨릭교, 신교
- 국 화 : 단풍나무잎
- 상징적 동물 : 비-버(beaver 해리)
  설치류에 딸린 포유동물. 북부의 기온이 찬 지방에 사는 영리하고 헤엄도 잘 치는 동물이며 몸 크기는 80cm가량. 털가죽은 값이 비쌈.
- 인기스포츠 : 아이스 하키
- 기 후 : 북반구에 있어서 추울때는 기온이 -20℃ 이하로 떨어진다.
  터란토를 중심으로 북쪽으로 올라갈수록 춥고 겨울이 길어진다 (11월에서 다음해 3월까지).
  벤쿠버 중심의 서부연안지역은 태평양 난류의 영향을 받아 여름은 신선하고 건조하지만 겨울에는 영상 약 10℃의 온화하고 습한 날씨가 이어진다.

■ 꼽히는 관광명소

나이가라폭포(터란토에서 약 150km 지점)
카사노바 궁전, 뱀프(Banff) 국립공원
CN타워(세계에서 제일 높은 타워)

주요관광국 사우디아리비아 정보소개
KINGDOM of SAUDI ARABIA

- **면　　적** : 214만 9,690km²
- **종　　교** : 이슬람교
- **국　　화** : 대추야자수(dates tree)
- **상징적 동물** : 낙타
- **인기스포츠** : 축구
- **기　　후** : 서부지역은 홍해를 동부지역은 걸프만을 끼고 있어서 여름철인 4～10월 기간은 대개 42℃ 정도이며 11～3월 동안은 25～30℃ 수준이다. 수도 리야드를 중심으로 중부지방은 사막성기후의 영향으로 4～10월 동안 여름철은 50℃까지 기온이 오르고 겨울철인 11～3월 동안은 서늘하고 밤에는 영하로 뚝 떨어지기도 한다.
- **특　　징** : 알콜 성분의 초코렛과 노출이 심한 여자사진 등이 게재된 물건이나 카타로그 등은 통관시 압수처분된다.

　　　　　이슬람 율법상 술과 여자는 절대 금기 사항이다.

■ 꼽히는 관광명소

메커(Mecca=Mekka 이슬람교의 성도)

미디너(Medina Mohammed의 묘가 있음)

홍해 연안의 수상스포츠로 윈드서핑, 요트, 스쿠버다이빙 등이 있다.

입국 절차

입국절차는 검역에 이어 여권·입국신고서를 내고 심사를 받은 뒤 위탁수하물 찾는 곳(claim area)에 가서 짐을 찾아 여권·세관신고서를 제시하면서 세관에서 통관절차를 밟습니다. 대체로 개인용품 외에 담배는 400개비, 술은 두 병 정도가 면세 통관됩니다.

여행지 이민국 직원과 인터뷰를 해야 되는데 심사관은 여행자에게 체류기간을 정해 출입국카드의 반쪽을 잘라 여권에 첨부하고 나머지 반쪽은 입국심사관이 접수합니다.

이민국 직원이 묻는 것은
 (1) 여권을 보여 주시겠습니까?
 (2) 방문 목적은 무엇입니까?
 (3) 얼마동안 머무르실 계획이십니까?
 (4) 돌아갈 항공권을 갖고 계십니까?
 (5) 입국카드를 보여주시겠습니까?

입국 심사관

뉴우고꾸신사깡
入国審査官

세관원

_{제이깡}
税関

여권

_{료껭}
りょけん

입국카드

_{뉴우고꾸카아도}
入国カード

~을 보여주시겠습니까?

_{오 미세떼 구다사이마셍까}
~をみせてくださいませんか。

~의 목적

_{~노 목테끼}
~の目的

얼마동안 ~할 예정입니까?

_{도노구라이 ~스루쯔모리데스까}
どのくらい ~するつもりですか。

입국 심사

상황 6

여권을 보여주시겠습니까?

파스포오토오 미세떼 구다사이마셍까
パスポートをみせてください ませんか。

→ 입국 심사

입국심사관 : **여권을 보여주시겠습니까?**

파스포오토오 미세떼구다사이마셍까
パスポートを見せてくださいませんか。

여행객 : **여기 있습니다.**

고코니 아리마스
ここにあります。

입국심사관 : **입국카드를 보여주시겠습니까?**

뉴우꼬꾸카아도오 미세테구다사이마셍까
入国カードをみせてくださいませんか。

여행객 : **여기 있습니다.**

고코니 아리마스
ここにあります。

입국심사관: **방문 목적은 무엇입니까?**

호오몬노 목테끼와 난데스까
ほうもんの目的はなんですか。

여행객: **관광입니다(사업입니다).**

간코오데스 (쇼오요오데 기마시타)
かんこうです。（商用で来ました。）

입국심사관: **돌아가실 항공권은 있습니까?**

가에루 쿠우코오켄와 아리마스까
かえるくうこうけんはありますか。

여행객: **네, 있습니다.**

하이 아리마스
はい、あります。

입국심사관: **얼마동안 머무르실 계획이신가요?**

도노 구라이 고다이자이사레마스까
どのくらいご滞在されますか。

여행객: **10일 동안입니다.**

토오카(とおか)깡 다이자이시마스
10日間滞在します。

세관 검사

상황 7

아니오. 신고할 것이 없습니다.

이이에 신꼬꾸스루모노가 아리마셍
いいえ、しんこくするものがありません。

▶ 세관원과의 대화

세관원: **신고하실 물건이 있습니까?**

나니까 싱꼬꾸스루 모노와 아리마스까
何か申告するものはありますか。

여행객: **아니오. 신고할 것이 없습니다.**

이이에 심꼬꾸스루모노와 아리마셍
いいえ、申告するものはありません。

세관원: **가방 좀 열어보실까요?**

가방오 쫓또 아케떼구다사이
カバンをちょっと開けてください。

여행객: **네, 그러죠.**

하이 소오시마스
はい、そうします。

세관원: **담배나 술·향수를 갖고 계십니까?**

타바코야 오사케 고오스이오 못떼 이랏샤이마스까
たばこやおさけ、こうすいをもっていらっしゃいますか。

여행객: **네, 이것들은 제 개인물품입니다.**

하이 고레와 미노마와리힌데스
はい、これは身のまわり品です。

세관원: **이것은 무엇입니까?**

고레와 난데스까
これはなんですか。

여행객: **친척에게 줄 선물입니다.**

신세끼에노 오미야게데스
しんせきへのおみやげです。

세관원: **감사합니다. 즐거운 여행 되십시오.**

아리가또오고자이마스
ありかとうございます。

입국신고서 · 세관신고서

입국신고서나 세관신고서 등에는 사실대로 써 넣어야 합니다. 사실과 다를 때에는 뜻밖의 곤경을 겪을 수도 있습니다. 공항에는 보세창고 역할을 하는 수하물 보관소(てにもつほかんしょ)가 있습니다. 전혀 쓸 일이 없거나 통관이 어려운 물건은 이곳에 맡겨 두었다가 출국할 때 찾으면 편리합니다.

이 때 반드시 보관증을 받아두었다가 공항에 도착해서 수하물을 찾을 때는 항공편 번호를 기억해 두었다가 그 번호가 표시된 수하물 찾는 곳에 가서 찾습니다.

여행객 : **이것이 나의 세관신고서입니다.**

고레가 와타시노 제이깡신코쿠쇼데스
これが 私の税関しんこくしょです。

수하물 보세창고에 맡겨주십시오.

데니모쓰노 호제이소오꼬니 마카세떼구다사이
手荷物の保税倉庫にまかせてください。

보관증을 주시겠습니까?

호칸쇼오 구다사이마셍까
保管証(ほかんしょう)をくださいませんか。

입국신고서

뉴우꼬꾸 신코꾸쇼
入国(にゅうこくしんこくしょ)

세관신고서

제이깡 신코꾸쇼
税関しんこくしょ

보세창고

호제이소오꼬
保税倉庫

통관수속

쯔으칸 데쓰즈끼
通関手続

통관신고서

쯔으칸 신코꾸쇼
通関しんこくしょ

수하물 찾는 곳

데니모쯔 사가스도코로
手荷物さがすところ

수하물표

데니모쯔노 차켓토
手荷物のチケット

환 전

우리나라에서 출국할 때

일본(￥)엔으로 환전합니다.

여행국에 도착해서

공항 환전소에서 5000~7000 엔 정도만 환전하여 호텔 도착까지의 경비로 쓰고 나중에 환율이 유리한 은행에서 환전하시면 좋습니다.

현금휴대와 소지 외환액 신고

현금을 휴대하기보다는 여행자수표나 크레디트 카드를 쓰는 편이 안전하고 유리합니다. 나라에 따라서는 외환통제가 까다로워 입국할 때 소지 외환액을 신고하지 않으면 일정액 이상을 다시 갖고 나가지 못하도록 하는 경우가 있습니다. 환전할 때는 반드시 환전증명서를 받아두어야 합니다.

환전

상황

실례지만 환전소가 어디에 있습니까?

사쯔레이데스가 료오가에쇼와 도꼬데스까

しつれいですが、兩替所はどこですか。

→ 환전소에서 (1)

환전소: **어서 오십시오.**

이랏샤이마세
いらっしゃいませ。

여행객: **환전해 주세요.**

료오가에오 시떼구다사이
兩替をしてください。

환전소: **어떻게 바꿔드릴까요?**

도오가에떼 아게마쇼오까
どうかえてあげましょうか。

여행객: **잔돈으로 부탁합니다.**

고레오 고마가꾸시떼구다사이
これを細かくしてください。

환전

상황: 한화를 엔화로 환전하고 싶습니다.

원까오엥까니 료오가에시따인데스
ウォン貨を円貨にりょうがえしたいんです。

➤ 환전소에서 (2)

여행객: **2만엔을 환전해 주세요.**

니망엥오 료오가에오 시떼구다사이
2万円をりょうがえをしてください。

환전소: **어떻게 바꿔드릴까요?**

도오 가에떼 아게마쇼우까
どうかえてあげましょうか。

여행객: **500엔 20개하고 1000엔 10장으로 부탁합니다.**

고햐꾸엔 니주우마이또 셍엔사쯔 주우마이니 오네가이시마스
500円20枚と千円札10枚におねがいします。

환전소: **싸인해 주십시오.**

사인시데 구다사이
サインしてください。

 # 여행객의 기본 상식

여행복장

1. 여행옷 차림은 여기저기 이동하기에 간편한 것으로
2. 여행하는 나라의 기후를 감안하고
3. 고급식당 등에 가기 위해 정장 한 벌을 준비

휴대품

1. 비상용 여권사진
2. 휴대용이나 탁송가방에 이름 등을 기입.
3. 열쇠는 2개씩 준비
4. 휴대품은 꼭 필요한 것만
5. 소형이면서 가벼운 것으로 준비

여행일지

1. 만일의 경우에 연락할 전화번호
2. 여권, 항공권, 운전면허증, 수표, CD 등의 주요내용 기입.
3. 여행지의 시차에 적응하기 위해 활동 시간과 잘 시간의 시간표 비치.

4. 예약에 필요한 사항

레스토랑

1. 미리 예약
2. 고급식당에서는 정장을
3. 특별한 선택이 어려울땐 정식을 주문
4. 식사전 술은 대개가 포도주
5. 나이프와 포크를 가지런히 놓으면 식사가 끝난 표시
6. 서로 엇갈리게 놓인 상태는 식사중인 표시
7. 끝나면 포크 끝을 위로 향하도록 하고 칼날은 본인을 향하도록

호 텔

1. 호텔에서의 투숙절차인 Check-in은 오후 시간이며
2. 호텔의 방을 내어줄 시간(호텔의 계산시간)인 Check-out은 오전 11시까지
3. 짐은 차에서 내려 객실로 옮기는 과정에 분실이 없도록 관심을 가져야
4. 벨보이가 짐을 나르고 나면 팁을 주어야
5. 귀중품은 반드시 S.B(Safety Box)에 맡기고

6. 열쇠는 프론트에 맡기고 외출

Tip 팁

1. 너무 많아도 실례가 됨.

2. 보통 엔화 200~300엔 정도를 공항과 호텔의 포터, 보이, 룸메이드 등에 주어짐.

3. 식당 웨이터와 택시기사에게는 요금의 10~15% 정도가 적당함.

4. 식당청구서를 확인하여 서비스 요금이 포함되어 있으면 주지 않음.

쇼 핑

1. 귀국 후에 자국에서의 세관에 문제가 되지 않도록 적당한 쇼핑이 요구됨.

2. 쇼핑할 때는 자국 세관을 통과할 수 있는 면세 범위를 염두에 둘 것.

3. 향수 2온스, 담배 400개비, 양주 2병이 면세 범위

4. 여행국에서 쇼핑하였거나 선물로 받은 물품들의 총 합계액이 만달러(한화 1300만원정도) 미만이 면세 범위임.

여권분실

1. 먼저 현지 경찰서에 가서 알리면 분실증명서를 발급해준다.
2. 그 다음 현지의 우리나라 대사관이나 영사관에 가서 여권재발급신청서를 작성한다.
3. 이 때 수첩이나 여행일지에 기록해 두었던 여권 기입사항과 사진이 있어야 신청이 가능함.
4. 여권을 재발급 받기까지는 보통 한달이 소요됨.

수표·항공권의 분실

1. 수표나 CD분실시는 발행은행의 현지 지점이나 제휴은행에 바로 신고해야 함.
2. 항공권의 분실시는 발행 항공사의 현지 지사에 신고해야 함.
3. 항공권을 다시 사서 여행하고 나중에 환불 받음.

길을 잃었을 때

1. 택시를 타고 호텔로 돌아간다.
2. 호텔카드를 휴대할 것.
3. 호텔명과 전화번호를 암기해 둘 것.

분실이나 도난

1. 사람들이 많거나 승·하차시에 소매치기 등에 주의해야 함.
2. 관광지나 대도시에서는 각별히 주의해야 함.
3. 분실이나 도난을 당했을 때는 주변 사람들이나 경찰관의 도움을 받는다.

강도를 만났을 때

1. 우선 고분고분 응해줄 것.
2. 섣부른 저항은 위험할 수도 있음.
3. 빼앗길 돈을 따로 넣어두면 좋음.

국제매너

1. 국내에서나 국외에서나 예절과 몸가짐은 기본이다.
2. 여행국의 전통과 풍습을 존중해야 함.
3. 일류 식당이나 호텔 등에서는 국제관례와 매너가 요구되는 장소이기 때문에 유념해야 함.

전화로 호텔예약

상황

오늘밤 투숙할 더블룸을 예약하고 싶은데요. 이용할 수 있는 방이 있습니까?

곤야 다부루루우무오 요야꾸 시타인데스가 요야꾸데끼마스까

今夜ダブルルームをよやくしたいんですがよやくできますか。

전화로 호텔예약 (1)

호텔예약부: 예약부입니다. 도와드릴까요.

요야꾸부데스 테쯔다이마쇼오까
よやくぶです。てつだいましょうか。

여행지 공항에 도착하여 모든 입국절차를 마치고 출구를 통하여 로비에 나온 여행객은 그곳에 있는 환전소에서 우선 현지통화의 환전이 필요합니다. 로비에는 환전소 뿐만 아니라, 호텔예약카운터, 관광안내소 그리고 랜트카 카운터가 있습니다.

여행객 : 네, 한국에서 온 관광객입니다.
오늘밤 묵을 전망이 좋은 방을 예약하고 싶습니다.
쓸 방이 있습니까?

하이 강코꾸노 강코오갸꾸데스
곰방 토마루 덴보오가기꾸헤야오 요야꾸시타인데스가
도마루 헤야가 아리마스까
はい、韓国(かんこく)の観光客です。
今晩(こんばん)泊まる展望(てんぼう)がきくへやをよやくしたいんですが。
とまるへやがありますか。

호텔예약부 : 네, 있습니다.
당장 쓰실 것이 있습니다.
성함을 불러주실까요.

하이 아리마스
삿소꾸 토마루헤야가 아리마스
오나마에오 오시라세구다사이
はい、あります。
早速(さっそく)とまるへやがあります。
お名前(なまえ)をおしらせください

전화로 호텔예약 (2)

호텔예약부: **호텔 예약부입니다. 도와드릴까요.**

호테루노 우케즈케데스 타스케마쇼오까
ホテルのうけつけです、たすけましょうか。

여행객: **방을 예약하고 싶습니다.**
방 요금이 얼마입니까?

헤야오 요야쿠 시타인데스
へやをよやくしたいんです。

헤야다이와 이꾸라데스까
部屋代はいくらですか。

예약부: **하룻밤에 1만엔입니다.**

이치니치니 이치망엔데스
一日(いちにち)に1万円です。

여행객: **싼 것들도 있습니까?**

못토 야스이 헤야모 아리마스까
もっと安い部屋もありますか。

예약부 : 네, 있습니다.
일박에 8000엔짜리도 있습니다.

하이 아리마스
はい、あります。

잇빠꾸 핫셍엔노헤야모 아리마스
一泊8000円のへやもあります。

여행객 : 그것으로 하겠습니다.
나의 이름은 김인호입니다.

소레니 시마스
それにします。

와따시노 나마에와 키무인호데스
わたしのなまえはキムインホです。

여행객 : **그 호텔까지 무얼 타고 가요?**

소노호테루마데 나니니놋떼 이끼마스까
そのホテルまで何にのっていきますか。

예약부 : **셔틀버스를 타시면 여기에 오실 수 있습니다.**

바스니 노루또 고코니 이랏샤루고또가데끼마스
バスにのるとここにいらっしゃることができます。

여행객 : **얼마나 자주 운행합니까?**

타비타비 아리마스까
たびだびありますか。

예약부 : **십분마다 출발합니다.**

짓뿐오키니 아리마스
10分おきにあります。

타는 곳을 몰라서 지나가는 사람에게 묻는다.

여행객: **실례지만 셔틀버스는 어디에서 탑니까?**

시쯔레이데스가 바스와 도코테 노리마스까
しつれいですがバスはどこでのりますか。

보행인: **저기에 큰 푯말이 보이십니까?**

아소코니 오오끼이 메지루시가 미에마스까
あそこにおおきい目印がみえますか。

여행객: **네, 보입니다.**

하이 미에마스
はい、みえます。

폐를 끼쳐서 미안합니다.

오자마 이따시마시따 스미마셍
おじゃまいたしましたすみません。

보행인: **괜찮습니다.**

도오이따시마시떼
どういたしまして。

텍시기사에게

상황 11

후꾸다 호텔까지 갑시다.

후꾸다 호테루마데 이끼마쇼오
ふくだホテルまでいきましょう。

➤ 택시 기사에게

여행객 : 실례입니다만 가장 가까운 택시 승차장이 어디에 있습니까?

시쯔레이데스가 이치방 치까이 타꾸시이노 노리바와 도코니 아리마스까
しつれいですが、いちばんちかいタクシーののりばはどこにありますか。

보행인 : 너무 지나쳐 오셨군요.

아마리 노리코시마시다
あまりのりこしました。

조금만 오던 길로 돌아가십시오.

스꼬시 하키가에시떼구다사이
すこしひきかえしてください。

여행객:	**감사합니다.**
	아리가또오고자이마스
	ありがとうございます。
여행객:	**여기가 택시 타는 곳입니까?**
	고코가 타꾸시이 노리바데스까
	ここがタクシーのりばですか。
택시기사:	**네, 타십시오. 손님**
	하이 놋떼쿠다사이 오캬꾸상
	はい、のってください、おきゃくさん。
	어디로 모실까요?
	도치라마데데스까
	どちらまでですか。
여행객:	**후꾸다 호텔까지 가주세요.**
	후꾸다 호테루마데 잇떼쿠다사이
	ふくだホテルまで いってください。
택시기사:	**알겠습니다.**
	하이 와까리마시다
	はい、わかりました。

길을 잃었을 때

상황 12

여기가 어디쯤 되는지 모르겠네.

고코가 도꼬까 와까리마센네
ここがどこかわかりませんね。

▶ 길을 잃었을 때

여행객 : **실례입니다만 저는 여기가 초행인데 길을 잃었습니다. 여기가 어디쯤 됩니까?**

시쯔레이데스가 와타시와 고코가 하지메테데스가
미치니마욧테 시마이마시다 고코와 도코데스까
しつれいですが私はここがはじめてですが道に迷ってしまいました。ここはどこですか。

경찰관 : **여기 지도가 있습니다. 계신 곳이 바로 여기입니다.**

하이 치즈가 아리마스 이랏샤루도꼬로가 고코데스
はい、ちずがあります。いらっしゃるところがここです。

여행객 : **이제 대강 알겠습니다.**

하이 와까리마시다
はい、わかりました。

| 경찰관 : | **어디로 가길 바라십니까?** |

도코에 이랏샤이마스까
どこへいらっしゃいますか。

| 여행객 : | **후꾸다 호텔에 가려구요** |

후꾸다 호테루니 이코오또 시마스
ふくだホテルにいこうとします。

| 경찰관 : | **길을 잘못 드셨습니다.**
이 길로 가시면 반대방향으로 가시는 겁니다. |

고노미치 쟈 나인데스
한타이호오코오데스
このみちじゃないんです。
はんたいほうこうです。

오던 길로 2,3분만 걸어가십시오.

히키가에시테 니산뽕 아루이테 구다사이
ひきかえして二・三分あるいてください。

숙박절차

상황 13

김인수란 이름으로 예약을 하고 왔습니다.

기무인수데 요야꾸오 시마시다
キムインスでよやくをしました。

▶ 숙박절차를 밟을 때

호텔접수계원: 어서 오십시오.

이랏샤이마세
いらっしゃいませ。

여행객: 김인수란 이름으로 예약했었습니다.

와타시와 김인수데스 요야쿠오 시마시다
わたしよキムインスです、よやくをしました。

호텔접수계원: 아, 네 숙박신고서에 기록하십시오.

하이 야도초오니 가이떼구다사이
はい、宿帳にかいてください。

여행객: 호텔 요금이 얼마입니까?

헤야다이와 이쿠라데스까
部屋代はいくらですか。

호텔접수계원 : **하룻밤에 8000엔입니다.**

잇빠꾸 핫셍엔데스
一泊8,000円です。

여행객 : **여기 있습니다.**

하이 도오조
はい、どうぞ。

호텔접수계원 : **505 호실입니다.**

고햐꾸고고오시쯔 데스
505号室です。

벨 보이가 방으로 안내해 드립니다.

베루 보이가 헤야에 안나이 시마스
ベルボーイがへやへあんないします。

방에서 식사 주문

상황: 내일 아침 7시에 두 사람이 할 식사를 주문하고 싶습니다.

아사타노아사 시치지니 후타리분노
쇼꾸지오 츄우몽시타인데스

14
あしたのあさ七時に二人分の
しょくじをちゅうもんしたいん
です。

▶ 방에서 식사를 주문할 때

ルームメイド
룸 메이드: **도와드릴까요. 손님**

테쯔다이마쇼오까 오캬꾸상
てつだいましょうか。おきゃくさん。

여행객: **내일 아침 7시에 두 사람이 할 식사를 주문하고 싶습니다.**

아시타노아사 시치지니 후타리분노 쇼꾸지오 츄우몽시타인데스
あしたのあさ7時にふたり分のしょくじを
ちゅもんしたいんです。

룸 메이드 : **무얼 드시겠습니까?**

나니오 메시아가리마스까
なにをめしあがりますか。

여행객 : **반숙계란과 베이컨, 도마도주스 버터 바른 빵과 커피면 되겠습니다.**

한쥬꾸노 다마고또, 도마토쥬우스, 바타아빵또코오히데스
はんじゅくの たまごと、トマトジュース、
バターパンとコーヒーです。

룸 메이드 : **잘 알았습니다. 손님**

하이 와까리마시타 오캬꾸상
はい、わかりました。おきゃくさん。

식사 예약

상황

7시에 두 사람이 식사할 테이블을 예약하고 싶습니다.

시치지에 후타리분노 테부루오 요야꾸 시다인데스
七時に二人分のテーブルをよやくしたいんです。

시내식당에서 식사하고 싶을 때

식당접수원: **식당입니다, 도와드릴까요.**

쇼꾸도오데스 타스케마쇼우까
しょくどうです、たすけましょうか。

여행객: **네. 7시에 두 사람이 식사할 테이블을 예약하고 싶습니다.**

하이 시치지니 후타리노 테부루오 요야꾸시타인데스
はい、七時にふたりのテブルをよやくしたいんです。

식당접수원: **성함을 대주십시오.**

오나마에와
おなまえは。

여행객:	**김인호입니다.**
	김인호데스
	キムインホです。
식당접수원:	**7시에 2인용 테이블 미스터 김?**
	사치지니 후타리분노 테부루 기무상
	七時にふたりぶんのテーブルキムさん？
여행객:	**그렇소**
	하이
	はい。
식당접수원:	**감사합니다. 그때 뵙겠습니다.**
	아리가토오고자이마스 마따 오아이시마쇼오
	ありがとうございます。
	またおあいしましょう。

식사예약

식당에서

상황 16

오늘의 특별음식은 무엇입니까?

교오노 도꾸베쓰료오리와 난데스까

きょうの特別料理は何ですか。

> 시내식당에서

和食屋で(일식집에서):

웨이터: **주문을 받을까요?**

나니오 메시아가리마스까
何を召しあがりますか。

여행객: **오늘의 특별음식은 무엇입니까?**

교오노 도꾸베쓰료오리와 난데스까
今日の特別料理は何ですか。

웨이터: **우나기 돈부리입니다.**

우나기 돈부리데스
うなぎとんぶりです。

여행객: **좋아요. 그걸 먹겠습니다.**

요로시이데스
よろしいです。

웨이터:	**마실 것은 무얼 드릴까요?**

1. 나니오 오노미니 나리마스까
何をおのみになりますか。

2. 노이모노와 이가까데스까
飲み物はいかがですか。

여행객:	**오렌지주스로 하겠습니다.**

오렌지쥬스오 구다사이
オレンジジュースをください。

웨이터:	**네. 무슨 스프를 드릴까요?**

하이 난노 스프오 아케마쇼오까
はい、なんのスープをあげましょうか。

여행객:	**맛있는 미소시루를 주세요.**

오이시이 미소시루오 구다사이
おいしいみそしるをください。

웨이터:	**후식을 드시겠어요?**

데자아토와 나니가 요로시이데쇼오까
デザートは何がよろしいでしょうか。

여행객:	**커피와 사과파이로 하겠습니다.**

코히또 압뿌루파이오 오네가이시마스
コーヒーとアップルパイをお願いします。

쇼핑(약국)

상황 17

비타민을 팝니까?

비타민가 아리마스까
ビタミンがありますか。

쇼핑할 때 (약국에서) (1)

약국: **안녕하십니까.**

곤니찌와
こんにちは。

여행객: **네, 비타민을 팔고 있습니까?**

하이 비타민가 아리마스까
はい、ビタミンがありますか。

약국: **비타민 B. C. E. 종합비타민 중에서 무엇을 드릴까요?**

비타민 B.C.E노나까데 나니가 이이데스까
ビタシンB.C.Eの中で何がいいですか。

여행객 :	**종합비타민을 주세요.**
	소오고오 비타민오 구다사이 そうごうビタミンをください。
약국 :	**당신이 복용하실건가요?**
	아나타가 노미마스까 あなたがのみますか。
여행객 :	**아니오, 부인이 쓸 것입니다.**
	이이에 와타시노 가나이노데스 いいえ、わたしのかないのです。
약국 :	**그러시면 이걸 써 보시라고 하세요. 틀림없이 마음에 드실겁니다.**
	쟈 코레가 이이데스 じゃ、これがいいです。

쇼핑(약국)

상황 18

입냄새 제거약 주세요
고오슈우노 죠쿄야꾸오 구다사이
こうしゅうのじょきょやくをください。

약국에서 (2)

약국: **안녕하십니까.**

오하요오고자이마스
おはようございます。

여행객: **입냄새 제거약 주세요.**

고오슈우노 죠쿄야꾸오 구다사이
こうしゅうのじょきょやくをください。

약국: **여기 있습니다. 그 밖에 또?**

코코니 아리마스 소노호까
ここにあります、そのほか。

여행객: **기침약 주십시오.**

세끼도메오 구다사이
咳止めをください。

여행객: **코막힐 때 먹는 약 주십시오.**

하나가 쯔마루도키 노무구스리오 구다사이
はながつまるときのむくすりをください。

설사약 좀 주십시오.

게리도메오 구다사이
下痢止めをください。

알러지 증세에 먹는 약 주십시오.

아레루기세이싯칸데 노무구스리오 구다사이
アレルギー性疾患でのむくすりをください。

입술이 터질 때 쓰는 약 주십시오.

구찌비루가 아레루도키 노무구스리오 구다사이
くちびるがあれるときのむくすりをください。

종합감기약 주십시오.

가제구스리오 구다사이
風邪薬をください。

쇼핑(카메라점)

상황 19

저 카메라를 보고 싶습니다.

아노 카메라오 미세떼 구다사이
あのカメラをみせてください。

➤ 카메라점에서

가게주인: 도와드릴까요?

나니가 호시인데스까?
何がほしいんですか?

여행객: 저 카메라를 보고 싶습니다.

아노 카메라오 미세테쿠다사이
あのカメラをみせてください。

가게주인: 방금 나온 신형입니다.

신가다데스
しんがたです。

여행객: 값이 10만엔입니까?

고레와 주우만엔데스까
これは10万円ですか。

가게주인 :	**네, 그렇습니다. 정찰제입니다.**
	하이 소우데스 데이까도오리데 고자이마스 はい、そうです。定価どおりでございます。
여행객 :	**여행자수표로 지불하고 싶습니다.**
	토라베라즈첵쿠데 하라이타이데스 トラベラーズチェックではらいたいです。
가게주인 :	**괜찮습니다.**
	이이데스 いいです。
여행객 :	**여기 있습니다.**
	코코니 아리마스 ここにあります。
가게주인 :	**즐거운 관광여행 하십시오.**
	타노시이 칸코오료코오니 たのしいかんこうりょこうに。

사진 찍을 때

상황 29

실례지만 부탁 한 가지 해도 될까요?

시쯔레이데스가 오네가이시데모이이데스까

しつれいですがおねがいしてもいいですか。

➜ 관광지에서 사진을 찍을 때

여행객: **이 카메라로 우리들 사진을 좀 찍어 주시겠습니까?**

고노 카메라데 와타시타치오 돗테쿠다사이마센까

このカメラで私たちをとってくださいませんか。

다른관광객: **네, 그러죠.**

하이 소오시마쇼오

はい、そうしましょう。

여행객: **셔터의 단추를 누르기만 하세요.**

스미마셍가 샷타오 오시떼구다사이

すみませんが、シャッターをおしてください。

다른관광객: **두 분이 좀 더 가까이 서주세요.**

아나타가타가 좃토 치카쿠 닷떼구다사이
あなたがたがちょっとちかくたってください。

여행객: **이렇게요?**

고오
こう?

다른관광객: **됐습니다. 웃어보세요.**

하이 와랏떼구다사이
はい、わらってください。

찰각

벤타리
べったり

됐습니다.

이이데스
いいです。

여행객: **감사합니다.**

아리가토오고자이마스
ありがとうございます。

렌트카

상황 21

차를 빌리고 싶습니다.

구루마가 가리타인데스

車がかりたいんです。

현지에서 차를 빌릴 때

여행객 : **거기가 로열렌트카입니까?**

아소코가 로이야루 렌타카 데스까
あそこがロイヤルレンタカーですか。

랜트회사 : **네, 도와드릴까요?**

하이 나니오 사시아게마쇼오까
はい、何をさしあげましょうか。

여행객 : **오늘 오후 한 시에 중형차 하나 빌리고 싶습니다.**

쿄오노 고고 이치지고로 나까가타 구루마가 카리타인데스
きょうのごご一時ごろ中型車がかりたいんです。

랜트회사 : **특정 차종이라야 하나요?**

돈나 샤슈가 호시이데스까
どんなしゃしゅうがほしいですか。

여행객 :	**한국차면 되겠습니다.**

간코꾸노구루마나라 이이데스
かんこくのくるまならいいです。

랜트회사 :	**누비라가 있습니다.**

누비라가 아리마스
ヌビラがあります。

여행객 :	**그걸로 하겠습니다.**

소레니 시마스
それにします。

요금은 얼마입니까?

료오낑와 도오낫떼 이마스까
料金はどうなっていますか。

랜트회사 :	**하루 7000엔에 풀보험이 하루 700엔입니다.**

이치니치 나나셍엔데 호껭료오가 나나햐꾸엔데스
一日 7000円で保険料が 700円です。

여행객 :	**그 차를 가지러 한 시까지 가겠습니다.**

소노구루마오 모치니 아치지마데 이키마스
そのくるまをもちに一時までいきます。

랜트회사: **좋으실 대로 하십시오.**

하이 소오시테 구다사이
はい、そうしてください。

여행객: **나의 이름은 김인호이고 여기 전화번호는 207-6272입니다.**

와타시노 나마에와 김인호데 고코노 뎅와방고오와
니제로나나 로꾸니나나니데스
わたしのなまえはキムインホで、ここのでんわばんごうは207-6272です。

랜트회사: **감사합니다. 김 선생님.**

아리가토오고자이마스 키무센세이
ありがとうございます、キム先生。

렌트카

상황 22

김인호입니다.

김인호데스

キムインホです。

➤ 렌트카 회사에서

랜트회사: 그러시군요.

소오데스네 　　そうですね

얼마동안 쓰실 것입니까?

난니찌 가리라레마스까 　　何日借りられますか。

김인호: 이틀입니다.

후쯔까깡가리타인데스 　　2日間借りたいんです。

나의 크레딧카드입니다. 보증금은 얼마입니까?

와타시노 크레짓트 카도 호쇼우킹와 이쿠라데스까
わたしのクレジットカードです。
ほしょうきんはいくらですか。

랜트회사: 7000엔입니다.

나나셍엔데스 　　7000円です

대중 교통

상황 23

이 버스가 우에노공원까지 갑니까?

고노바스가 우에노고오엔마데 이끼마스까
このバスがうえのこうえんまでいきますか。

➡ 대중교통 수단을 이용할 때

버스운전사: 네, 그렇습니다.

하이 소오데스
はい、そうです。

여행객: 요금이 얼마입니까?

료오킹와 이쿠라데스까
りょうきんはいくらですか。

버스운전사: 500엔입니다.

고햐꾸엔데스
500円です。

여행객 :	**도착하면 내려주십시오.**

도우챠쿠수루토 오로시테쿠다사이
とうちゃくするとおろしてください。

버스운저사 :	**내려드리고 말고요.**

오로시마스
おろします。

여행객 :	**우에노공원까지는 몇 정거장이나 됩니까?**

우에노고오엔마데와 테이샤죠오와 이쿠쯔메데스까
うえのこうえんまではていしゃじょうはいくつめですか。

버스운전사 :	**한참 가야됩니다. 20정거장입니다.**

토오이데스 테이샤죠우와 니짓코데스
とおいです。ていしゃじょうは20個です。

지하철

상황 24

실례지만 지하철을 어디에서 탑니까?

시쯔레이데스가 치카테쯔와 도꼬데 노리마스까
しつれいですがちかてつはどこでのりますか。

지하철을 이용할 때

보행인: **똑바로 계속 가십시오.**

맛스구 잇떼 구다사이
真直ぐ行ってください。

여행객: **감사합니다.**

아리가토오고자이마스
ありがとうございます。

여기서 멉니까?

고코까라 토오이데스까
ここからとおいですか。

보행인: **아니오, 조금만 가시면 됩니다.**

이이에 스코시 이랏샤루또 이이데스
いいえ、すこしいらっしゃるといいです。

여행객:	**어디서 표를 살 수 있습니까?**

도꼬데 킷뿌오 카에마스까
どこできっぷをかえますか。

보행인:	**저 계단을 내려가십시오.**

아노가이단오 오리데구다사이
あのかいだんをおりてください。

여행객:	**감사합니다.**

아리가토우고자이마스
ありがとうございます。

여행객:	**오사카행표 두 장 주세요.**

오사카유끼마데 니마이구다사이
大阪行きまで2枚ください。

편도 승차권으로 주세요.

가따미찌데 구다사이
片道でください。

여행객:	**오사카로 가는 것은 몇 호선입니까?**

<u>오사카에 이쿠노와 도노라인데스까</u>
大阪へ行くのはどのラインですか。

역원:	**4호선입니다.**

<u>욘고우센데스</u>
4号せんです。

여행객:	**열차를 갈아타야 하나요?**

<u>렛샤오 노리까에시나케레바 나리마셍까</u>
れっしゃをのりかえしなければなりませんか。

역원:	**그러실 필요없습니다.**

<u>이이에 소오쟈아리마셍</u>
いいえ、そうじゃありません。

갈아 타시지 않고 도착할 수 있습니다.

<u>노리까에시나쿠테모 도오챠쿠데키마스</u>
のりかえしなくてもとうちゃくできます。

역원 :	**갈아 타셔야 합니다.**

노리까에 시나께레바 이께마셍까
乗り換えしなければいけませんか。

여행객 :	**갈아타는 역 명칭은 무엇입니까?**

노리까에루에키노 메이쇼우와 난데스까
のりかえるえきのめいしょうは何ですか。

역원 :	**교오토입니다.**

교오토데스
京都です。

거기서 내리셔서 2호선으로 갈아타십시오.

소코데 오리떼 니고우센니 노리카에떼구다사이
そこでおりて2号(にごう)せんにのりかえてください。

전화

상황 25

서울에 전화하려고 합니다

소우루니 뎅와오 오네가이시마스

ソウルに電話をおねがいします。

> 호텔에서 서울로 전화

호텔: **잠시만 계십시오. 국제전화 교환을 불러드리겠습니다.**

쇼오쇼오 오마치구다사이 곡사이뎅와노 코오칸오 요비마스
しょうしょうおまちください。国際電話の
こうかんをよびます。

여행객: **감사합니다.**

아리가토오고자이마스
ありがとうございます。

국제교환: **국제교환입니다. 도와드릴까요?**

곡사이뎅와노 고오칸데스 테쯔다이마쇼오까
国際電話のこうかんです。
てつだいましょうか。

		전
		화

여행객 : 서울로 전화하고 싶습니다.
전화번호는 2796-2255. 그리고 지명통화로 해주세요.

소우루니 뎅와오 시타인데스
뎅와 반고오와 니나나큐우로쿠노니니고고 소시테
파소나루고오루데 오네가이시마스
ソウルに電話をしたいんです。 でんはばんごうは 2796-2255。 そしてパーソナルコールでおねがいします。

국제교환 : 누구와 통화하고 싶으십니까?

다레또 오하나시니 나리타이노데스까
だれとお話しになりたいのですか。

여행객 : 한 여사입니다. 모친입니다.

한산데스 하하데스
韓(ハン)さんです、ははです。

호텔에서 서울로 전화

국제교환 : **잘 알겠습니다. (좋습니다)**

하이 와까리마시다
はい、わかりました。

대화자가 나오면 전화하겠습니다.

셈뽀우가 오데니나리마스토 뎅와오 오쯔나기이타시마스
先方がお出になりますとでんわをおつなぎいたします。

여행객 : **네, 부탁합니다.**

하이 오네가이이따시마스
はい、おねがいいたします。

기차여행

상황 28

가장 가까운 철도역이 어디에 있습니까?

이치방 치까이 에끼와 도코데스까
いちばんちかい駅はどこですか。

▶ 기차여행을 할 때

보행인: **여기서 먼 거리입니다. 택시를 타십시오.**

코코까라 도오이데스 다쿠시니놋테 구다사이
ここからとおいです。タクシーにのってください。

택시기사: **어디로 모실까요.**

도치라마데데스까
どちらまでですか。

여행객: **가장 가까운 철도역으로 갑시다.**

이치방 치까이에끼니 이키마쇼오
いちばんちかいえきにいきましょう。

택시기사:	**자, 다왔습니다.**
	하이 쯔키마시다 はい、つきました。
여행객:	**얼마입니까?**
	이쿠라데스까 いくらですか。
택시기사:	**500엔입니다.**
	고햐꾸엔데스 500円です。
여행객:	**여기 있습니다. 거스름 돈은 넣어두세요.**
	도오조 오쯔리와 이리마센 どうぞ、おつりはいりません。
여행객:	**매표소가 어디에 있습니까?**
	세이산조와 도꼬데스까 精算所はどこですか。

역원: **저 화살표시를 따라가십시오.**

아노야지루시니 시타갓떼구다사이
あのやじるしにしたがってください。

여행객: **감사합니다.**

아리가토오고자이마스
ありがとうございます。

신주꾸까지 표 두 장 주십시오.

신주꾸마데 니마이 구다사이
新宿まで2枚ください。

첫 열차는 몇 시에 있습니까?

시하쯔렛샤와 난지니 아리마스까
始発列車は何時にありますか。

역원: 14:00시에 있습니다.

쥬우요지니 아리마스
14時にあります。

해외 여행 국가에서
한국으로의 직통전화 거는 순서

1. 국제전화 신청번호 (   )
2. 국가번호 (한국 : 82)
3. 지역번호 (서울 : 2, 부산 : 51, 인천 : 32, 대구 : 53)
4. 요구하는 전화번호 (2323-4545)

해외 여행 국가에서 교환을 불러
한국으로의 통화신청거는 순서

1. 교환대 호출번호 (   )
2. 국가번호 (한국 : 82)
3. 지역번호 (서울 : 2, 부산 : 51, 인천 : 32, 대구 : 53)
4. 요구하는 전화번호 (2323-4545)

자세한 비자업무안내

일본에 입국할 때는 비자가 필요하며, 비자는 여러 종류가 있어 입국목적에 맞게 취득하지 않으면 안됩니다. 간혹 「일본 비자 받기가 매우 어렵다」라는 불만을 듣게 되는데 이러한 오해를 풀기 위해 관광 등으로 일본을 방문할 때 필요한 비자 신청시의 요령에 대해 안내하고자 합니다. 또한 비자신청에는 기본적으로 주민등록증 복사본과 직업을 증명하는 문서(예: 재직증명서)를 제출하여 주십시오. 이는 「어떤 사람이 어떤 목적으로 일본에 가려 하는가」를 알고자 하는 것으로, 목적이 무엇이든 신청서에는 여행이라고 쓰면 된다든가, 무직이라 비자가 나오지 않는다든가 하는 일은 전혀 없으니, 있는 그대로 신청하는 것이 중요합니다.

만약 신청서에 허위로 기재하거나 위증한 문서/자료를 제출하거나 면접에서 거짓말을 하면 비자발급이 안되는 경우도 있습니다. 특별히 문제점이 없는 한, 신청 다음날(업무일)에는 비자가 발급됩니다. 단, 체제기간 90일의 비자를 신청하는 경우에는 대부분 신청한 다음날 면접을 하게 됩니다.

1. 비자신청 접수시간

개인이 신청하는 경우: 오전 9시 30분~11시 30분
출입증이 있는 여행사가 대리신청하는 경우: 오후 1시 30분~3시
(토, 일, 국경일, 12월 29일~1월 3일까지의 연말연시기간 제외)

2. 비자발급사무 취급시간

오전은 9시 30분~11시 30분, 오후는 1시 30분~3시
(토, 일, 국경일, 12월 29일~1월 3일까지의 연말연시기간 제외)

3. 보완자료 제출 및 면접 실시시간

오전 9시 30분 ~ 11시 30분
(토, 일, 국경일, 12월 29일 ~ 1월 3일까지의 연말연시기간 제외)

4. 관할지역

신청 장소는 신청인의 거주지에 따라 다음 세 곳으로 나뉨.
(1) 재한국일본국대사관-서울특별시, 인천광역시, 대전광역시, 광주광역시, 경기도, 강원도, 충청남·북도, 전라남·북도
(2) 재부산일본국총영사관-부산광역시, 대구광역시, 울산광역시, 경상남·북도
(3) 재제주일본국총영사관-제주도

한편, 한국에 장기체류 자격을 소지하고 있지 않은 외국인은 원칙적으로 사증 신청을 접수할 수 없으므로 주의하시기 바랍니다.

5. 비자대리신청이 가능한 범위

(1) 유효한 출입증을 소지한 여행사
(2) 호적등본 등으로 친족관계를 증명한 신청인의 친족
(3) 같은 회사의 직원-이때에는 오시는 분의 명함과 주민등록증을 제시하여 주시기 바랍니다. 그러나 동일법인에 재직하는 직원 이외에는 접수할 수 없습니다.
(4) 여행목적 및 일정이 동일한 단체여행시-그 단체중의 1명(일정표, 단체명단, 동일목적을 갖는 단체임을 알 수 있는 서류 첨부)

6. 주의사항

(1) 심사과정에서 추가로 서류를 요구하거나 신청인과의 직접 인터뷰를 요청하는 경우가 있으니 사전에 준비하기 바랍니다.
(2) 신청시 여권은 유효기간이 3개월이상 남아 있어야 합니다.
(3) 각종 서류는 3개월 이내에 발행한 것으로 제출해야 합니다.
(4) 출발일까지 여유를 두고 비자신청을 해 주십시오.
(5) 제출된 서류는 일체 돌려드리지 않습니다.

7. 창구가 혼잡한 시기

1년중 특히 7～8월, 추석전, 12월～1월, 구정전, 휴관일 다음날.

8. 일본대사관 영사부의 주소 및 위치

서울 특별시 종로구 수송동 146-1 이마빌딩 7층
지하철 5호선 광화문역(2번출구) 미국대사관(세종문화회관 맞은편) 뒷편 이마빌딩 7층

9. 기타

단기(15일) 체재비자(1년간 유효)를 한번 취득하면 15일이내의 ....일정으로 방일할 경우 발급일로부터 1년 동안 몇번이고 비자를 사용할 수 있습니다. 또한 비자발급수수료는 없습니다.

세계의 표준시간대

그리니쥐 민 타임 : 그리니치 표준시((약 GMT))
Greenwich Mean Time
Greenwich 그리니쥐 · 그리니치 : 런던교의 템스강 가의 자치구. 본초 자오선의 기점. 그리니치 천문대의 소재지

■ 주요도시명

도시	시차	
	Noon 눈 : 정오	
London 런던 : 영국의 수도		
Stockholm 스따크호울음 : Sweden 의 수도	+1	PM
Vienna 비에너 : 오스트리아의 수도	+1	〃
Helsinki 헬싱키 : 핀란드의 수도 · 항구	+2	〃
Tripoli 트리펄리 : 리비아의 수도	+2	〃
Cairo 카이어로우 : 이집트의 수도	+2	〃
Johannesburg 죠우해니스 벌그 : 남아메리카 연방 제일의 도시	+2	〃
Cape Town 케이프 타운 : 남아공화국의 입법부 소재지	+2	〃
Moscow 마스카우 · 마스코우 : 소련의 수도 : 러시아어명은 Moskva	+3	〃
Nairobi 나이로우비 : Kenya 공화국의 수도	+3	〃
Tehran 테이러랜 : 이란의 수도	+3:30	〃
Volgograd 발거그래드 전이름 : Stalingrad : 소련남부의 도시	+5	〃
Abu Dhabi 아부다비 : 아랍에미리트 연방의 주요구성국 · 수도	+5	〃
Tashkent 태쉬켄트 : 소련 Uzbek 공화국의 수도	+4:30	〃
New Delhi 뉴델리 : 인도공화국의 수도	+4:30	〃
Singapore 싱거포얼 : 말레이반도 남단의 섬:영연방내의 공화국 수도	+7	〃

■ 주요도시

	PM
Bangkok 뱅칵크・뱅코크 : Thailand의 수도	+7:30 ″
Jakarta 쥐어카얼터 : 인도네시아 공화국의 수도	+7:30 ″
Beijing 베이징 = Peking	+9 ″
Hong Kong 홍콩・항캉	+8 ″
Manila 머닐러 : 필립핀의 수도	+8 ″
Seoul 서울 : 한국의 수도	+9 ″
Vladivostok 블래디버스딱크 : 소련령시베리아 동남의 항구	+9 ″
Tokyo 도쿄 : 일본의 수도	+9 ″
Adelaide 애더레이드 : 오스트레일리아 남부의 도시	+9:30 ″
Sydney 시드니 : 오스트레일리아 동해안의 항구도시 : NSW주의 수도	+11 ″
Anchorage 앵커리지 : 미국 알래스카주 남부의 항구도시	−10 AM
Honolulu 하너룰루 : 미국 하와이주의 수도	−10 ″
Vancouver 뱅쿠버 : 캐나다 남서부 부리티쉬 컬럼비아주의 항구도시	−7 ″
San Francisco 샌푸런씨스코우 : 캘리포니아주의 항구도시	−8 ″
Chicago 쉬카고우 : 미시간 호숫가에 있는 미국 제2의 도시	−6 ″
Mexico 맥시코우 : 북미남부의 공화국: 수도는 Mexico City	−6 ″
Montreal 만추리올 : 캐나다 남동부의 도시	−5 ″
Toronto 터란토우 : 캐나다 남동부 Ontario 주의 수도	−5 ″
New York : 뉴욕주에 있는 미국 최대의 도시	−5 ″
Bogota 보우거토 : 남아메리카 콜롬비아 공화국의 수도	−5 ″
Lima 리머 : 페루의 수도	−5 ″
Buenos Aires 부에이너스 에어리즈 : 아르헨티나의 수도	−3 ″

세계의 표준시간대

사고 발생시의 기록

1. 번호판 번호
2. 차의 이름
3. 운전수의 이름
4. 운전면허 번호
5. 주소
6. 자택 또는 사무실 전화번호
7. 취중운전 여부

사고 직후 보고 사항

1. 사고 현장의 위치·주소
2. 발생시간·날자
3. 도로의 종류
4. 도로의 상태
6. 신호등
7. 충돌 당시 위치
8. 사고후의 양차의 위치
9. 각종 자국·깨진 파편
10. 미끄러진 정도

목격자의 인적사항 또는 탑승자의 인적사항

1. 성명
   주소
   성별
   자택 전화번호
   사무실 전화번호

사고 지점 약도

일본의 편리한 교통 정보

철도

　동경(東京)의 신바시(新橋)역과 요코하마(橫浜)의 근교 도시들을 연결하는 증기 기관열차의 여객서비스가 1872년에 시작되자 그후로 전국적인 철도망이 구축되었다.

　구 토카이도(舊東海道-동해 노선)를 따라 주요 도시들을 연결하는데는 17년이상이 걸렸는데, 1889년에 이르러서야 동경과 오사카간을 철도로 완전히 여행할 수 있게 되었다.

　기차의 하루 당 운행거리는 20시간 동안 515km(320마일)이다. 디젤과 전기열차의 잇따른 도입으로 이러한 여행시간은 6시간과 1시간 반으로 각각 줄었으며, 신간센(新幹線-고속열차)은 3시간 이하로 단축시켰다.

　1987년에 민영화되어 지방회사들로 분할될 때까지 일본국유철도(JNR)는 전국적인 여객과 화물철도망을 운행하였다. JNR는 현재 JR(일본철도) 그룹의 6개 여객철도회사와 화물철도회사, 그리고 몇몇의 자(子)회사의 전신이 되었다.

　1995년에 JR 그룹과 기타 여러 철도 회사들의 총 철도량은 운행거리가 27,318km, 승객수가 22,709,000,000명, 화물량이 76,945,000톤

이었다. 1988년에 세계에서 가장 긴 해저터널(세이칸(靑函)터널)로 혼슈(本州)와 홋카이도(北海道)와 북부섬이 이어지고, 같은 해에 내륙해(內陸海)위의 '세토오하시'(瀨戶大橋)를 통해 혼슈(本州)와 시코쿠(四國)의 섬들이 소통됨으로써 마침내 일본 4대 주요도서들은 철도로 연결되었다.

자동차와 항공교통의 발전에 따라 신간센과 통근열차와 같은 도시간 장거리 교통수단으로 철도서비스의 비중이 높아졌다. 통근열차는 시외에 있는 집으로부터 출근하는 사람들을 실어 나른다. 지가(地價)의 상승으로 보다 많은 사람들이 싼 가격의 주택을 찾아 교외로 이동하였다. 70% 이상의 직장인들이 평상시에 매우 혼잡한 이 열차로 통근하고 있다. 통근열차는 또한 시간이 매우 많이 소요되기도 한다. 1995년에 동경 대도시 지역에 있는 사무실까지 걸리는 평균시간은 69분이었으며 1994년에 신가와사키(新川崎)와 시나가와(品川)간 요코스카선(橫須賀線)의 통근시간 혼잡률은 일반수용치의 230%였다.

일본의 9개 도시가 현재 지하철을 운행하고 있다. 처음으로 시공된 동경의 긴자선(銀座線)은 1927년에 처음 개통되었다. 동경에는 13개의 지하철 노선이 있으며 현재 매일 800만명의 승객을 태운다. 많은 지하철 노선들은 근교의 통근열차와 연결되어 있으며 교외까지 운행을 확장하였다.

운송 기술이 발달하여 우주시대에까지 이르렀으나 일본은 편리성과 에너지 효율성, 안전성이 높으며 오염도가 낮은 철도의 이점을 여전히 발전시키고 있다. 새로운 원격조종 교통시스템인 '유리카모메'는 1995년에 동경의 신바시와 아리아케 역간에 최초로 시도되었다. 리니어 모터카(선형 유도 전동기를 추진력으로 이용한 차량)의 실제운행이 가까운 장래에 시작될 것으로 예상되며 현재 시험운행중이다. 현재 동경과 오사카(大阪)에서는 리니어 모터타입의 지하철이 운행되고 있다. 1997년에 구마모토(熊本)시는 일본 최초로 LRT(소형철도망)를 도입하였다.

신 간 센(新幹線) 철도

일본에서 가장 유명한 철도는 현재에도 몇몇 노선이 운행중인 신간센이다. 1964년 10월에 최초로 토카이도 신간센이 운행을 시작하여 2대 주요 대도시 지역인 동경과 오사카를 연결하고 있다. 지난 30여년간 토카이도 신간센은 휴일 피크기에는 매일 100만명 이상의 승객을 나르면서 승객의 편리성과 기능성, 안전도에 있어서 좋은 평가를 받아왔다. 토카이도 신간센의 성공으로 간사이(關西) 지방을 큐슈(九州) 하카타(博多)와 연결하는 '산요 신간센'(山陽新幹線)과 동경과 일본해

의 니카타(新潟)를 잇는 '조에츠 신간센'(上越新幹線) 등의 새로운 노선이 생겨났다.

최근에 '도호쿠'(東北)와 '나가노'(長野) 신간센은 모리오카(盛岡)와 나가노시의 운행을 시작하였다. 이전의 경험과 기술을 바탕으로 새로운 신간센들은 빠르기와 승객 만족도면에서 향상된 모습을 보였다. 현재의 철도기술은 계속해서 개선되고 있는데 최근에는 자기력을 이용하여 철로 위를 최고 시속550km(341.8마일)로 떠서 갈 수 있는 자기부상 신간센의 개발이 진행되어 왔다. 만약 21세기초에 완성된다면 이 자기부상열차는 동경-오사카간의 3시간 운행을 제트기의 속력과 같은 60분으로 단축시킬 수 있을 것이다.

한편 유선형의 디자인과 중량의 감소로 종래의 철도기술이 향상되었다. 새로운 500 시리즈의 노조미 고속열차가 1997년 11월에 등장하였다. 동경과 후쿠오카(福岡)의 하카타를 연결하는 노조미 열차(독특한 유선형의 선두객차가 특징임)는 신오사카와 하카타간을 시속 300km로 주파한다.

자동차와 육상교통

일본에는 약 1,142,000km의 도로망이 있으며 그 중 73%가 포장되었다. 일본이 최초로 자동차를 수출한 때는 1899년이므로 일본인이 제조한 자동차의 생산은 1902년에 시작되었다. 영업용 택시 등의 대중

교통이 거리를 가득메웠으나 1960년대에 이르러서는 자가 운전자들이 급속히 증가하였다.

이러한 현상의 원인으로는 세 가지를 들 수 있는데, 경제발전으로 인한 수입의 증가, 지방시장의 특별한 요구(작은 크기와 효율적 연료의)에 적합한 국내 자동차 산업의 출현, 도로 상태의 개선 등이 그것이다.

1960년에서 1996년 까지 등록된 자동차의 수는 150만대에서 7200만대로 급속히 증가하였다. 2차량 보유 가구도 일반화되고 있으며 영업용 트럭의 수와 운송서비스도 나날이 증가하고 있다. 고속도로(유료도로)의 건설은 1960년대에 시작되었다. 나고야(名古屋)와 고베(神戶)를 잇는 메이신(名神) 고속도로가 1965년에 가장먼저 완공되어 얼마 후에는 토메이(東名)고속도로를 통하여 동경까지 연결되었다.

간에츠(關越), 도호쿠(東北), 조반(常磐) 등의 장거리 고속도로들이 지난 수십 년간에 걸쳐 완공되었다. 동경과 기타 주요 도시지역들은 도심과 교외를 연결하는 넓은 고속도로망을 구축하고 있다. 이러한 도로들은 일본 고속도로 공사가 관리하고 있다. 1997년에 일본의 고속도로망은 총 6,164km에 달했다(3,831마일). 일본의 고속도로 건설은 많은 어려움에 직면해 있는데 지형적 특성과 공장과 주택의 밀집, 노선에 따른 높은 지가(地價), 지진에 견딜 수 있는 추가적인 강화작업 등이 그것이다.

이러한 이유로 일본의 도로 건설비용은 세계 최고이며 고속도로 요금도 비싼 편이다. 1994회계연도 동안 동경과 아이치(愛知)현의 코마키(나고야 근처)간의 평균 교통량은 98,097대였다. 같은 해에 운송교통 중 75%는 승객 수송용 차였다. 대도시 도로의 잦은 교통정체는 또 다른 문제이다. 최근에 동경만을 건널 수 있도록 수상고가 다리가 개통되었는데 덕분에 치바(千葉)와 가나가와(神奈川)현 사이의 운행시간이 짧아졌으며 동경 중심을 통과하는 교통량이 감소되었다.

교통안전은 1960년대 이래 국가적인 문제가 되어왔다. 1970년대 이래로는 그 수가 감소하였으나, 지난 수십 년간 교통사고 사망자 수는 연간 약 1만명이었다. 이러한 교통 전쟁을 방지하기 위해 여러 가지 과감한 조치들이 시행되고 있다. 또 다른 심각한 문제로는 지구온난화를 발생시키는 자동차 배기가스의 대기중 농도증가이다. 공해를 방지하기 위해 전기자동차 등의 효과가 기대되는데 자동차 회사들은 이러한 경제자동차의 개발을 서두르고 있다. 동경의 버스들도 복합형 연료와 천연가스동력의 모델을 채택하고 있다.

제2차 세계대전이 끝나고 1951년까지 일본정부는 SCAP(연합군의 최고사령관)에게 여객 항공노선에 대한 승인권을 박탈당했다. 따라서 국제국내의 취항은 1953년까지 시작될 수 없었다.

1953년과 1980년 사이에 일본 국내항공의 여객수는 4010만명에서 7810만 명으로 거의 두 배가 증가하였다. 가장 많이 이용되는 국내노선은 승객수가 760만 명인 동경-삿포로(札幌)간이다. 동경-후쿠오카 노선이 그 다음으로 620만 명의 승객을 운송한다.

1980년과 1995년 사이의 같은 기간동안 국제 항공승객의 수는 490만명에서 1,450만 명으로 거의 세배가 증가하였으며, 일본의 항공 여객수도 4350만 명에 달했다. 1997년 초, 일본에는 6회의 정기 국제노선과 국내노선, 63회의 비정기노선이 있었다. 늘어나는 수요를 충족하기 위해 공항시설이 확장되어 왔다. 상업공항은 규모와 이용면에서 3종류로 분류된다. 일본에는 90개의 상업, 준상업 공항이 있는데, 이

중 53개의 공항이 제트기를 위한 시설을 갖추고 있다. 승객의 규모면에서 일본의 주요 4대 공항인 동경 국제공항과 신동경 국제공항, 오사카 국제공항, 간사이 국제공항은 전국의 주요 2대 지방(간토(關東)와 킨키(近畿) 지방)을 취항한다.

동경 국제공항은 보통 하네다(羽田) 공항으로 불린다. 하네다 공항은 1931년에 개통하였으며 일본 최초의 상업공항으로서 1978년에 신동경 국제 공항이 개항되기까지 국내와 국제선을 둘다 취급하였다. 수용시설을 확장하고 인근주민들의 소음에 관한 불만을 감소시키고자, 하네다 공항은 동경만의 3단계 간척사업 및 건설계획에 착수하였다. 처음 2단계는 이미 완성되었으며, 마지막 3단계 사업은 1999 회계연도에 완성될 예정이다. 총 면적은 이전보다 3배정도 증가할 것이다. 나리타(成田) 공항이라고 불리는 신동경 국제공항은 동경에서 동쪽으로 66킬로미터(41마일)정도 떨어진 곳에 위치해있다. 1997년 1월 현재 38개국의 50개 항공회사가 이곳에서 매일 341회의 이착륙을 한다. 일본 최대의 공항으로서 나리타공항은 약 2540만명의 승객과 160만톤의 수화물을 취급하였다. 승객의 수는 세계에서 6번째로 수화물의 양은 최고이다.

오사카 국제 공항은 이타미 공항으로도 불린다. 1994년 9월에 간사

이 공항이 개통될 때까지 이곳은 간사이 지역으로 가는 거의 모든 국내선과 국제선을 취급해왔으나, 현재는 국내선만을 취급하고 있다.

간사이 국제 공항은 오사카 연안의 인공섬에 위치해있다. 서비스를 확장시키고 국제취항을 늘이는 한편, 간사이 공항은 일본 최초로 24시간 풀 가동하는 공항이 되었다. 1995년에 이곳의 비행수는 총 53,900회에 달했다.

바다로 둘러싸인 환경 탓에 일본의 수,출입은 해상교통에 의존한다. 1980년부터 1990년까지 일본항구의 총 선적량은 연 15%로 증가하였다. 일본 소유의 선박들이 증가함에도 불구하고 1970년대의 석유파동과 임금인상, 1985년 이래의 엔화절상으로 일본의 선박회사들은 국제시장에서 경쟁력을 잃게 되었다.

1990년까지 일장기를 단 선박의 총 톤수는 1982년의 최고 3500만 톤에서 42%나 감소하였다.

유용한 표현

1 저어, 여보세요.

아노 시쯔레이시마스
あの、しつれいします。

2 저어, 여보세요. 실례합니다

아노 시쯔레이시마스
あの、しつれいします。

3 여보세요. (전화 통화할 때)

모시모시
もしもし。

4 ~하지 않겠어요?

시마셍까
しませんか。

삼뽀시마셍까
さんぽしませんか　산책하지 않겠습니까.
고오히잇빠이노미마쇼오
コーヒー一杯のみましょう　커피 한잔 합시다.
네마쇼오
ねましょう　잡시다.
히루고항오다베마쇼오
ひるごはんをたべましょう　점심식사 합시다.

5 누구시라고 전할까요?

다레데쇼오까 도나타데쇼오까
だれでしょうか どなたでしょうか。

6 아무도 예측할 수 없다.

다레모와까라나이
だれもわからない。

7 맞았어, 바로 그거야.

하이 소오데스
はい、そうです。

8 내 의견은 ~이다.

와타시노강가에와 ~다
私のかんがえは ～だ。

9 설마! 그럴까! 어머!

마사카 소오까
まさか！ そうか！

10 알겠소. 그렇군.

하이 와깟타
はい、わかった。

11 생각해 보죠.

간가에마스
かんがえます。

12 안녕! 또 만나세!

사요나라 마따 오아이시마쇼오
さよなら。またおあいしましょう。

13 곧 알게 될꺼다.

스구 와까리마스
すぐわかります。

14 내가 보는 바로는~

와타시노 칸가에와
私のかんがえは~

15 미안합니다만 지나갑시다, 좀 봐주세요, 눈 감아주세요.

스미마셍 좃또 토오시데 구다사이마셍까
すみませんが、ちょっととおしてください ませんか。

16 우리들을 놓아주시오.

와타시타치오 유루메떼구다사이
私たちをゆるめてください。

17
갑시다.

이키마쇼오
いきましょう。

18
그런데, 뭐랄까

시까시 나니까
しかし、何か。

19
폭풍우 등이 가라앉고 있다.

아라시나도가 홋시데이루
あらしなどがぼっしている

20
반드시 (꼭) ~하여라.

카나라즈 ~시로
かならず ~しろ。

21
과연, 반드시, 정말로

카라나즈 혼또오니
かならず、ほんとうに、

22
진짜의, 현실의, 실제의, 순수한

혼또오니 겐지쯔노 짓사이노 쥰스이나
ほんとうに、げんじつの、じっさいの、じゅんすいな

23
~하는 것은 아주 당연하다.

스루노와 도오젠다
～するのはとうぜんだ。

24
서로 공평이 제일이다.

오다가이니 고오헤이가 이치방다
おたがいにこうへいがいちばんだ。

25
대단히 불쾌한, 형편없는, 시시한, 진저리나는

토테모후까이나, 쯔마라나이, 구다라나이, 운자리스루
とてもふかいな、つまらない、くだらない、うんざりする

26
~할 가치가 없는

~가치가나이
～かちがない

27
내가 책임지겠다. 틀림없다.

와타시가 세끼닌오오우 뎃끼리
わたしがせきにんをおう。てっきり。

28
글쎄 어떨까, 뭐라고 말할 수 없는데

사아 도우다로우까 난또 이에나이데스가
さあ、どうだろうか、何といえないですが。

29
~이잖아요, 실은~, 안 그래요?

데스 지쯔와 소오쟈나인데스까
です、じつは、そうじゃないんですか。

30
어디서 왔습니까?

도코까라 이랏샤이마시다까
どこからいらっしゃいましたか。

31
좋지 뭐 그러지 뭐 (상대방의 제안에)

이이 소오시요우
いい。そうしょう。

32
~해 보면 어떤가? ~해 보지 그래

시데미루또도우까
してみるとどうか。

입어보지 그래.

키데미로
きてみろ。

33
술과 음식으로 푸짐하게 대접하다.

오사케또 타베모노데 아쯔꾸모테나스
おさけとたべものであつくもてなす。

34 발걸음도 가볍게

아시도리모 가루꾸
あしどりもかるく

35 나는 비행중이다(여행중이다).

와타시와 히코오츄우다 (료꼬오츄우다)
わたしはひこうちゅうだ(りょこうちゅうだ)。

36 기뻐서 어쩔 줄 모르겠다.

도테모 우레시이
とてもうれしい。

37 아직 미정입니다.

마다 미테이데스
まだみていです。

38 이따가 다시 전화하겠다.

모오이치도 오가케이따시마스
もういちどおかけいたします。

39 경솔한 짓하지 마라. 재난을 자초하지 마라.

케이소쯔나 후루마이와 스루나
けいそつなふるまいはするな。

와자와이오 미즈까라 마네쿠나
わざわいをみずからまねくな。

40
물어서 실례일지 모르지만,

기이떼 오쟈마니나리마센데쇼오까
きいておじゃまになりませんでしょうか、

41
그 쪽이 더 낫다.

소노호우가 못또 이이
そのほうがもっといい。

42
이열치열 (속담)

네쯔오못떼 네쯔오이야스고또
ねつを以(も)ってねつをいやすこと

43
은혜는 은혜로 원한은 원한으로 갚다. (속담)

온와 온데 엔콩와 엔콩데 가에스
おんはおんで、えんこんはえんこんで かえす。

44
철저하게 하다. 갈데까지 다 가다, 최후의 선을 넘다.

텟테이테끼니스루
てっていてきにする。

45
마음을 고쳐먹다, 생활을 일신하다.

고꼬로오이레가에루
こころをいれかえる。

렌터카로 휴양지에

상황 27

이 길이 가마꾸라에 가는 길입니까?

고노미치가 가마꾸라에 이꾸미치데스까

このみちがかまくらへ行くみちですか。

→ 렌터카로 휴양지에

보행인: 이 길로 가면 돌아가게 됩니다.

고노미치에 이꾸토 토오이데스
このみちへ行くととおいです。

여행객: 어느 길이 지름길입니까?

도노미치가 차카미치데스까
どのみちが近道ですか。

보행인: 저 길로 가십시오.

아노미치에 잇떼 구다사이
あのみちへ行ってください。

여행객: 감사합니다.

아리가또오고자이마스
ありがとうございます。

여행객:	**실례지만 가마꾸라는 어느 길입니까?**
	시쯔레이데스오가 가마꾸라와 도코데스까 しつれいですが、かまくらはどこですか。
보행인:	**곧바로 계속 가시다가 서쪽으로 가세요.**
	맛스구 줏또 이랏샷떼까라 니시노호오에 잇떼구다사이 まっすぐずっといらっしゃってからにしのほうへ行ってください。
여행객:	**여기서 멉니까?**
	고코까라 토오이데스까 ここからとおいですか。
보행인:	**아닙니다. 2키로쯤입니다.**
	이이에 니키로 구라이데스 いいえ、２キロぐらいです。
여행객:	**감사합니다.**
	아리가또오고자이마스 ありがとうございます。

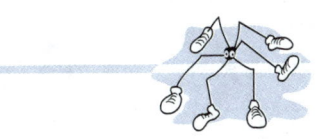

휴양지에서

상황 28

아, 여기가 소위 가마꾸라해수욕장이구나.

아 코코가 가마꾸라 카이스이요꾸죠오데스네
あ、ここがかまくらかいすい
よくじょうですね。

→ 휴양지에서

여행객: 참으로 멋진 해수욕장이군!

혼또오니 스테키나 카이스이요꾸죠오데스네
ほんとうにすてきなかいすいよくじょう
ですね。

동행인: 나와 같은 생각이시군요.

와타시토 오나지 강가에데스네
私とおなじかんがえですね。

어디가서 뭣 좀 먹읍시다.

도코까에 잇떼 나니까 타베마쇼오
どこかへ行って何かたべましょう。

여행객 :	**점심식사 후 무얼할까요?**
	히루고한노아또 나니오 시마쇼오까 ひるごばんのあと何をしましょうか。
동행인 :	**수상스키를 하고 싶습니다.**
	스이죠오스키가 호시타인데스 水上スキーがはしたいんです。
여행객 :	**그걸하면 좋겠군요.**
	소레가 이인데스네 それがいいんですね。
동행인 :	**저 모터보트 좀 보세요.**
	아노 모타보오토오오 고란구다사이 あのモーターボートをごらんください。
여행객 :	**참 신나는군요!**
	도테모 타노시인테스네 とてもたのしいんですね。

여행객 :	**여기가 수상스키 타는 곳입니까?**

고코가 스이죠오스키노 노리바데스까
ここが水上スキーののりばですか。

담당자 :	**네, 그렇습니다.**
	요금을 내시고 준비하십시오.

하이, 소오데스
はい、そうです。

쥰비시떼 구다사이
じゅんびしてください。

여행객 :	**요금은 얼마입니까?**

료오낑와 이쿠라데스까
りょうきんはいくらですか。

담당자 :	**이것이 요금표입니다.**

고레가 카가꾸효오데스
これがかがくひょうです。

여행객 :	**우리 차례는 언제옵니까?**

와타시노 쥰죠와 이쯔데스까
私のじゅんじょはいつですか。

담당자:	**차례를 기다려 주십시오.**

쥰죠오 맛떼 구다사이
じゅんじょをまってください。

15분만 있으면 차례가 옵니다.

쥬우고분 나라 이이데스
15分ならいいです。

여행객:	**기다리다 지쳐버렸다.**

맛떼이테 쯔가레테시맛타
まっていてつかれてしまった。

담당자:	**차례가 왔습니다.**

와타시노 쥰죠데스
私のじゅんじょです。

여행객:	**우리 해수욕장에 갑시다. 그리고 거기서 수영도 즐기고 윈드서핑도 즐깁시다.**

와타시타치 가이스이요꾸죠오에 이키마쇼오
소시데 스이에이모 윈도샤핀모 시마쇼오
わたしたちかいすいよくじょうへいきましょう。そしてすいえいもウインドサーフィンもしましょう。

동행인 : **그 말씀 좋게 들립니다.**

소레 이이데스
それいいです。

거리가 얼마나 되지요.

도노 구라이 데스까
どのぐらいですか。

여행객 : **차로 30분 걸립니다.**

구루마데 산줏뿡 카카리마스
くるまで三十分かかります。

여행객 : **보드를 빌리고 싶습니다.**

보드가 가리타인데스
ボートがかりたいんです。

계원: **여기 있습니다. 고르세요.**

고코니 아리마스 에란데 구다사이
ここにあります。えらんでください。

여행객: **두 시간 쓰겠습니다. 요금 받으세요.**

니지깐 쯔까이마스 료오킹오 도오조
2時間つかいます。りょうきんをどうぞ。

바람은 어때요?

가제와 이까가데스까
かぜはいかがですか。

계원: **안성맞춤의 바람입니다.**

조오도 이이데스
ちょうどいいです。

병원에서

상황 29

어디가 아프십니까?

도꼬가 이타인데스까
どこがいたいんですか。

➡ 여행중 병원에서 (1)

여행객: **여기 허리를 삐끗했습니다.**

고코 고시오 구지키마시다
こここしをくじきました。

의사: **오른쪽으로 누우세요.**

미기가와에 요코니 낫테구다사이
みぎがわへよこになってください。

여행객: **저 좀 돌아눕혀 주시겠습니까?**

아노 와타시오 요코타에테 구다사이마센까
あのわたしをよこたえてくださいませんか。

옆구리가 많이 아픕니다.

요코바라가 쯧빳테 도테모 이타인데스
よこばらがつっぱってとてもいたいんです。

의사: **어지럽습니까?**

메마이가 시마스까
めまいがしますか。

환자: **네, 머리가 아프고 어지럽습니다.**

하이 아타마가 이타이시, 메마이가 시마스
はい、あたまがいたいし、めまいがします。

의사: **숨을 크게 쉬세요.**

이키오 오오키쿠 하이테 구다사이
いきをおおきくはいてください。

숨을 내쉬세요.

이키오 하키다시데 구다사이
いきをはきだしでください。

숨을 들이마시십시오.

이키오 스이콘데구다사이
いきをすいこんでください。

숨을 잠깐 멈추세요.

이키오 시바라쿠 도메테구다사이
いきをしばらくとめてください。

병원에서

상황 38

드러 누우세요

요꼬니 낫떼구다사이

横になってください。

여행중 병원에서 (2)

환자: **뱃 속에 가스가 찹니다.**

오나까니 가스가 아리마스
お中にガスがあります。

의사: **숨 쉬기가 곤란합니까?**

이키오 하쿠노가 고마리마스까
いきをはくのがこまりますか。

환자: **네, 그리고 화장실에 가고 싶습니다.**

하이 소시테 오테아라이에 이키타인데스
はい、そしておてあらいへいきたいんです。

의사 : **수면제를 좀 드릴까요?**

스이민자이오 죳토 아게마쇼오까
すいみんざいをちょっとあげましょうか。

환자 : **네, 부탁합니다.**

하이 오네가이이타시마스
はい、おねがいいたします。

간호사를 부르는 장치는 어디 있습니까?

간고후오 요부보탄와 도코니 아리마스까
かんごふをよぶボタンはどこにありますか。

의사 : **이걸 누르세요.**

더 필요한 것이 있으면 말씀하세요.

코레오 오시테 구다사이
これをおしてください。

못토 히쯔요오나모노가 앗타라 옷샷테구다사이
もっとひつようなものがあったらおっしゃってください。

환자 : **아니오, 감사합니다.**

이이에 아리가토우고자이마스
いいえ、ありがとうございます。

그 밖에 환자가 해야 할 표현

1: **화장실에 가고 싶습니다.**

　오테아라이에 이키타인데스
　おてあらいへいきたいんです。

2: **소변이 보고 싶습니다.**

　고요오오 다시타인데스
　こようをたしたいんです。

3: **대변이 보고 싶습니다.**

　다이벤가 시타인데스
　だいべんがしたいんです。

4: **마실 것 좀 주십시오.**

　노미모노오 구다사이
　のみものをください。

5: **갑자기 뒤가 마렵습니다.**

　큐우니 다이벤가 시타인데스
　きゅうにだいべんがしたいんです。

6 : **산책을 해도 됩니까?**

산뽀오 시데모 이인데스까
さんぽをしてもいいんですか。

7 : **의자에 앉아도 됩니까?**

이스니 가케테모 이인데스까
いすにかけてもいいんですか。

8 : **전화를 걸어도 되겠습니까?**

뎅와오 가케테모 이인데스까
でんわをかけてもいいんですか。

9 : **담배 피워도 됩니까?**

타바코오 슷테모 이인데스까
たばこをすってもいいんですか。

10 : **언제 퇴원하게 됩니까?**

이쯔 다이인시마스까
いつたいいんしますか。

11: **진통제를 좀 주시겠습니까?**

진쯔으야쿠오 구다사이
ちんつうやくをください。

12: **뭐 찬것 좀 주십시오.**

나니까 쯔메타이 노미모노오 구다사이
なにかつめたいのみものをください。

13: **수면제를 좀 주시겠습니까?**

스이민자이오 구다사이
すいみんざいをください。

14: **숨쉬기가 곤란합니다.**

이키오 하쿠고도가 고마리마스
いきをはくことがこまります。

15: **피를 조금 뽑으려고 왔습니다.**

치오 스코시 누코오또 시마스
ちをすこしぬこうとします。

그 밖에 의사가 하는 말

16 : **여기 약이 있습니다.**

고코니 구스리가 아리마스
ここにくすりがあります。

17 : **약을 드십시오.**

구스리오 논데구다사이
くすりをのんでください。

18 : **식사를 다 하셨습니까?**

쇼쿠지와 시마시타까
しょくじはしましたか。

19 : **어지럽습니까?**

메마이가 시마스까
めまいがしますか。

20 : **토할 것 같습니까?**

하쿠요오데스까
はくようですか。

21: **가만히 걸어보세요.**

육꾸리 아루이떼 고란나사이
ゆっくりあるいてごらんなさい。

22: **화장실에 가고 싶으십니까?**

오테아라이니 이키타인데스까
おてあらいにいきたいんですか。

23: **어디 한번 봅시다.**

신사쯔오시마쇼오
しんさつをしましょう。

24: **가만히 계세요.**

짓또시테 이랏샤이
じっとしていらっしゃい。

25: **왼쪽으로 누우세요.**

히타리가와니 요코니 낫테구다사이
ひだりがわによこに なってください。

26: **드러 누우세요.**

요코니 낫떼 구다사이
よこになってください。

27: **엎드리세요.**

하라바이니 낫떼구다사이
はらばいになってください。

28: **돌아 누우세요.**

네게에테 구다사이
ねがえてください。

가만히 누워계세요.

짓또시테 이랏샤이
じっとしていらっしゃい。

29: **내려오세요.　　올라가세요.**

오리떼구다사이　　아갓떼구다사이
おりてください。
あがってください。

30: **다 끝났습니다.**

자 오와리마시타
じゃおわりました。

잠시 기다려 주세요.

쇼오쇼오 오마치구다사이
しょうしょうおまちください。

31 : **편안히 쉬세요.**

안세이가 히쯔요오데스
安静が必要です。

32 : **아프지 않습니다.**

이다쿠나인데스
いたくないんです。

33 : **상체를 구부려보세요. (웅크려보세요)**

죠우타이오 마게떼고란나사이
じょうたいをまげてごらんなさい。

34 : **화장실로 가세요.**

오테아라이에 잇떼고란나사이
おてあらいへいってごらんなさい。

35 : **쉬셔야 합니다.**

안세이가 히쓰요오데스
安静が必要です。

소매치기

상황 31

소매치기를 당했어요.

스라레마시다
すられました。

······▶ 소매치기

여행객: **도와주세요.**

타스케데 구다사이
たすけてください。

내 지갑이 없어졌어요.

와타시노 사이후가 나쿠나리마시다
わたしのさいふがなくなりました。

보행인: **기다리세요. 경찰을 부르겠습니다.**

오마치구다사이 케이깐오 요비마스
おまちください。けいかんをよびます。

도난사건

상황 32

간밤에 방 안에 도둑이 들었어요.

유우베 와타시노우치니 도로보오가 하이리마시다
ゆうべわたしのうちにどろぼうがはいりました。

➡ 도난사건

호텔측: 저런 이를 어쩌나! 무얼 도난 당했습니까?

나니가 나쿠나리마시타까
何がなくなりましたか。

여행객: 운전면허증, 신용카드, 여행자수표와 현금이요.

운텐멘쿄쇼오 크레짓토카아 토라베라아즈첵쿠또 겡낀데스
うんてんめんきょしょう、クレジットカード、トラベラーズチェックと現金です。

예정대로 여행할 수가 없어요.

요테이노도오리 료코오가데키마셍
よていのどおりりょこうができません。

호텔측 :	**신속한 조처를 하겠습니다.**

진소꾸나 쇼치오 토리마스
じんそくなしょちをとります。

여행객 :	**부탁합니다.**

오네가이 이따시마스
おねがいいたします。

은행 :	**은행입니다. 도와드릴까요?**

긴코오데스 다스께떼아게마쇼오까
ぎんこうです、たすけてあげましょうか。

여행객 :	**신용카드를 도난당했습니다.**

구레짓또카도오 토오난니 아이마시다
クレジットカードをとうなんにあいました。

은행 :	**성함을 부탁합니다.**

오나마에오 오네가이시마스
おなまえをおねがいします。

여행객 :	**한국에서 온 김인수입니다.**

간코꾸까라 기따 김인수데스
韓国からきたキムインスです。

교통사고

상황 33

내 차가 뒤에서 받혔습니다.

와타시노 구루마가 우시로까라 쇼오토쯔사레마시다
私のくるまがうしろからしょうとつされました。

▶ 교통사고

교통경찰: **당신 실수가 아닙니다.**

아나타노 아야마리쟈 아리마셍
あなたのあやまりじゃありません。

여행객: **견인차 좀 불러주실까요?**

겐인샤오 욘데구다사이
けんいんしゃをよんでください。

교통경찰: **불러드리고 말고요.**

하이 요비마스
はい、よびます。

면허증 좀 보여주실까요?

운텐멘쿄오쇼오오 미세떼구다사이
うんてんめんきょしょうをみせてください。

비행기 예약

상황

6월 10일 도오쿄오에서 오사카까지 아침 비행기가 있습니까?

로꾸가쯔토오까 도오쿄오까라 오사카마데 아사노히코오키가 아리마스까

6月10日東京から大阪まであさのひこうきがありますか。

▶ 여행국에서 비행기 예약

여행사 : **네, 8시에 나리따공항발 직행이 있습니다.**

하이 하치지니 나리따쿠우코오하쯔 죡꼬오빙가 아리마스
はい、8時に成田くうこうはつちょっこうびんがあります。

여행객 : **좋습니다. 그 비행기에 예약을 하겠습니다.**

이이데스 소노히꼬우키니 시데구다사이
いいです。そのひこうきにしてください。

일등석을 부탁합니다.

화스토구라스오 오네가이시마스
ファーストクラスを おねがいします。

예약 확인

상황 35

예약을 확인하려고 전화했습니다.

요야꾸오 카쿠닌시요오또 뎅와오 가케마시타
よやくをかくにんしょうとでんわをかけました。

→ 예약이 유효한지 확인

여행사 : **날짜와 비행기 번호를 말씀해 주세요.**

이쯔까또 히코오키노 방고오오 옷샷떼구다사이
いつかとひこうきのばんごうをおっしゃってください。

여행객 : **6월 10일이고 비행기 번호는 707입니다.**

로꾸가쯔도오까데 히코오키노 방고오와 나나마루나나데스
6月10日でひこうきのばんごうは707です。

여행사 : **성함은?**

오나마에와
おなまえは。

여행객 : **김인호입니다.**

김인호데스
キムインホです。

여행사 : **잠시만 기다리세요.**

네, 예약이 유효한 것으로 재확인됐습니다.

쇼우쇼우 오마치구다사이
しょうしょうおまちください。

하이 요야쿠가 유우코우나코토데 카꾸인 시마시타
はい、よやくがゆうこうなことでかくにん
しました。

예약이 유효한지 확인

예약 변경

상황 36

비행기 예약을 변경하고 싶습니다.

히코오키노 요야꾸오 헹꼬오시타인데스

ひこうきのよやくをへんこうしたいんです。

→ 예약 변경

항공사 : ○○ 항공사 예약처입니다. 도와드릴까요?

코오쿠우샤노 우케쯔케데스 테쯔다이마쇼오까
こうくうしゃのうけつけです。てつだいましょうか。

여행객 : 저는 김인호입니다.
6월 10일 아침 8시 비행기를 예약했었는데 변경하려고 합니다.

와타시와 김인호데스
私はキムインホです。

로쿠가쯔토오카노 아사 하치지노 히코오키오 요야쿠시마시타가 헨코오시요오또시마스
6月10日のあさ8時のひこうきをよやくしましたがへんこうしようとします。

항공사 :	**어느 비행기편으로 바꾸시겠습니까?**

도노 히코오키빈니 헨코오시마스까
どのひこうきびんにへんこうしますか。

여행객 :	**1시 출발 비행기편으로 바꾸고 싶습니다.** **이용할 좌석이 있습니까?**

이치지노 히코오키빈니 헨코오시타인데스
자세키가 아리마스까
一時のひこうきびんにへんこうしたいんです。
ざせきがありますか。

항공사 :	**네, 자리가 있습니다.**

하이 아리마스
はい、あります。

예약 재확인

상황 37

항공편 예약을 재확인하고 싶습니다.

요야꾸오 후다다비가꾸닌 시타이노데스
予約を再び確認したいのです。

➡ 귀국 비행기 예약 재확인

항공사: 성함과 비행기 번호를 알려주세요.

오나마에또 히코오키노 방고오 오시라세구다사이
おなまえとひこうきのばんごうをおしらせください。

여행객: 김인호입니다.
505 비행기편입니다.

김인호데스 고제로고 히코오키빈데스
キムインホです。505ひこうきびんです。

항공사 : **5월 10일 오후 2시 서울행이었지요?**

고가쯔토오카 고고 니지노 소우루 유키데쇼오
5月10日ごご二時のソウル行きでしょう。

여행객 : **맞습니다.**

소오데스
そうです。

항공사 : **좋습니다.**
예약이 재확인 되었습니다.

이이데스
いいです。

요야쿠가 후타타비 가꾸닌니 나리마시다
よやくがふたたびかくにんになりました。

호텔 체크 아웃

상황 38

지금 호텔을 나가고 싶습니다.

이마 호테루오 첵크아우토 시요오또시마스
いまホテルをチェックアウトしようとします。

▶ 호텔에서 계산을 하고 나올 때

호텔: **성함과 방 번호를 말씀해 주세요.**

오나마에또 오헤야노 방고오 오시라세구다사이
おなまえとおへやのばんごうをおしらせください。

여행객: **김인호이고 505호실입니다.**

김인호데 고햐꾸 고시쯔데스
キムインホで505号室です。

호텔: **세금과 서비스 요금을 포함해서 1만엔 되겠습니다.**

제이킨또 사비스 료-킹오 아와세떼 이찌만엔데스
ぜいきんとサービスりょうきんをあわせて1まんえんです。

여행객: **여행자수표로 지불하고 싶습니다.**

토라베라즈 첵쿠데 하라이타인데스
トラベラーズチェックではらいたいんです。

여기 있습니다.

코코니 아리마스
ここにあります。

호텔: **감사합니다.**
저희 호텔에 투숙하셔서 즐거우셨습니까?

아리가토오고자이마스
와타시타치노 호테루니 다이자이 스루아이다 타노시캇탄데스까
ありがとうございます。
わたしたちのホテルに滞在するあいだたの
しかったんですか。

여행객: **네, 대단히 즐거웠습니다.**

하이 토데모 타노시캇탄데스
はい、とてもたのしかったんです。

호텔 :	**여기저기 여행하는 것을 좋아하십니까?**
	료코오스루노가 스키데스까
	りょこうするのがすきですか。
여행객 :	**그렇습니다.**
	하이 소우데스
	はい、そうです。
호텔 :	**훗날 다시 오시게 되면 여러날 동안 묵다 가십시오.**
	모오이치도 이랏샤루또 마타 오토마리니 낫떼구다사이
	もういちどいらっしゃるとまたお泊りに なってください。
여행객 :	**꼭 그렇게 하지요.**
	카나라즈 소오시마스
	かならずそうします。

여행에 필요한 단어

1.	번화가	한카나마치	はんかなまち
2.	영업시간	에이교오자깐	えいぎょうじかん
3.	상점	쇼오텐	しょうてん
4.	가격표	가가꾸효오	かかくひょう
5.	가락국수집	소바야	そばや
6.	가발	카쯔라	かつら
7.	여행용가방	료코오가방	りょこうかばん
	멜빵가방	하이노오	はいのう
	서류가방	쇼루이가방	しょるいかばん
	큰가방	오오키이가방	おおきいかばん
8.	가을	아키	あき
9.	가전제품	가덴세이힌	かでんせいひん

여행에 필요한 단어

10. 모조품	모조오힌	もぞうひん
위조품·가짜	기조오힌·니세모노	ぎぞうひん にせもの
사기꾼	사기시	さぎし
위조지폐	기조오시헤이	ぎぞうしへい
위조수표	기조오코깃떼	ぎぞうこぎって
11. 위험	키켄	きけん
12. 경찰관 파출소	케이사쯔 고오방	けいさつこうばん
13. 경치	케시끼	けしき
조망	쵸우보오	ちょうぼう
14. 산수의 경치	산스이노케시키	さんすいのけしき
15. 바다의 경치	우미노케시키	うみのけしき
16. 시골 경치	이나까노케시키	いなかのけしき
17. 아름다운 경치	우쯔쿠시이케시키	うつくしいけしき
18. 경치 좋은 곳	케시키노이이토코로	けしきのいいところ

여행에 필요한 단어

19. 경치가 좋다　　　케시키가이이　　けしきがいい
20. 확트인 경치를 내려다 보다
　　　　　　　　　히라케다 케시키오 미오로스
　　　　　　　　　ひらけたけしきをみおろす。
21. 관광 기념품　　　간코오노기넨힌　　かんこうのきねんひん
22. 기념품 매장　　　기넨힌노우리바　　きねんひんのうりば
23. 관광 안내소　　　간코오안나이쇼
　　　　　　　　　かんこうあんないしょ
24. 관광호텔　　　　간코오호테루　　　かんこうホテル
25. 유람 여행　　　　유우란료코오　　　ゆうらんりょこう
26. 관광지　　　　　칸코오치　　　　　かんこうち

여행에 필요한 단어

27. 시내관광   시나이간코오   しないかんこう
28. 관광 안내자   가이도   ガイド
29. 백화점 매장감독(안내)
    데빠토노우리바노간토쿠
    デパートのうりばのかんとく
30. 단체여행   단타이료코오   たんたいりょこう
31. 단체행동   단타이코오도오   たんたいこうどう
32. 야간비행   야칸히고오   やかんひこう
33. 여객기의 객실 승무원
    스추와아데스   スチュワーデス
    스추와아도   スチュワード
34. 항공회사의   코오쿠우가이샤노히코오빈
    비행 편   こうくうかいしゃのひこうびん
35. 비행기 여행   히코우키노료코오
    (항공여행)   ひこうきのりょこう
36. 여객기의 좌석등급   히코오키노 자세키노토오큐우
    ひこうきのざせきのとうきゅう

여행에 필요한 단어

♣ 요금이 높은 순으로

(1) 퍼스트 클래스(1등, 1급)
              화아스토쿠라스   フアーストクラス

(2) 비지니스 클래스
              비지네스쿠라스   ビジネスクラス

(3) 이코노미 클래스(일반석, 보통석)
              에코노미이쿠라스   エコノミークラス

(4) 투어리스트 클래스(〃)
              쯔으리스토쿠라스   ツーリストクラス

37. 객선의 특별2등   캐빈 클래스   キャビンクラス

38. 기장   기초오   きちょう

39. 비행기의 여자승무원   스추와아데스   スチュワーデス

40. 태평양횡단비행   타이헤이요오노 오오단히코오
                      たいへいようのおうだんひこう

41. 무착륙 비행   논스톱푸 히코오   ノンストップひこう
    선회 비행   센가이 히코오   せんかいひこう
    저공 비행   테이쿠우 히코오   ていくうひこう
    고공 비행   코우쿠우 히코오   こうくうひこう
    장거리 비행   쵸우쿄리 히코오   ちょうきょりひこう
    직선 비행   쵸쿠센 히코오   ちょくせんひこう

키포인트

여행에 필요한 단어

42. 항공관제(소)	코오쿠우콘토로오루	こうくうコントロール
관제탑	콘토로오루타와아	コントロールタワー
43. 비행기록장치	히코오키로쿠소오치 ひこうきろくそうち	
44. 탑승하는항공기관사	키칸시	きかんし
45. 비행경로	히코오게이로	ひこうけいろ
46. 비행편 번호	히코오빈반고오	ひこうびんばんごう
47. 활주로	캇소오로	かっそうろ
48. 계단, 층계	가이단	かいだん
49. 김포공항	기무뽀쿠우코오	キムポくうこう
50. 공항 택시	쿠우코오타쿠시	くうこうタクシー
51. 면세점	멘제이텐	めんぜいてん

여행에 필요한 단어

52. 면세품　　　　　멘제이힌　　　　　めんぜいひん

53. 호텔의 로비　　　호테루노로비　　　ホテルのロビ―
    (응접실·휴게실)

54. 호텔보이　　　　호테루노보오이　　ホテルのボ―イ

55. 호텔의 객실담당원　호테루노캬쿠시쯔단토우
    　　　　　　　　ホテルのきゃくしつたんとう

56. 객실 번호　　　　캬쿠시쯔노반고오
    　　　　　　　　きゃくしつのばんごう

57. 호텔·하숙 등에서 방에서 식사를 날라다 주는 룸써비스
    　　　　　　　　류우무사아비스　　ルームサービス

58. 민박풍 호텔　　　이기리스노 민빠꾸호테루
    　　　　　　　　みんぱくホテル

59. 간이숙박소　　　도야　　　　　　どや

여행에 필요한 단어

60. 1인실   싱구루루우무   シングルルーム
     2인실   다부루루우무   ダブルルーム
     싱글베드가 두개의 방   싱구루벳도가 후타쯔노헤야
                         シングルベッドがふたつのへや

61. 호텔·극장 등의 휴대품 일시 보관소
     호테루 에이가깐 나도노 케이타이 힌노 호관쇼
     ホテル・えいがかんなどのけいたいひんのほかんしょ

62. 짐표원   니모쯔후다인   にもつふだいん

63. 수하물 꼬리표   테니모쯔노 쯔케후다   てにもつのつけふだ
     수하물 물표   테니모쯔노 니후다   てにもつのにふだ
     공항의 수하물 찾는곳   쿠오코오노테니모쯔 사가스도코로
                       くうこうのてにもつさがすところ

64. 수하물 계원   테니모쯔노 카카리인   てにもつのかかりいん

65. 수화물 중량제한   테니모쯔노 오모사노 세이겐
               てにもつのおもさのせいげん

여행에 필요한 단어

66. 호화객실(한벌의 방)　고오카캬쿠시쯔　　ごうかきゃくしつ
67. 경식당　　　　　　쇼쿠도오　　　　　しょくどう
68. 호텔요금　　　　　호테루노 료오킨　　ホテルのりょうきん
69. 숙박료 청구서　　슈쿠하쿠료오노 세이큐우쇼
　　　　　　　　　しゅくはくりょうのせいきゅうしょ
70. 관광지의 호텔　　간코오치노 호테루
　　　　　　　　　かんこうちのホテル
71. 1박 3식의 요금　잇빠꾸 산쇼쿠노 료오킹
　　　　　　　　　いっぱくさんしょくのりょうきん
72. 아침식사 포함 요금　쵸우쇼꾸쯔키　　ちょうしょくつき
73. 1박 2식 요금　　잇빠꾸 니쇼쿠노 료오킹
　　　　　　　　　いっぱくにしょくのりょうきん
74. 청소나 침대정리를 하는 여성
　　소우지토까 벳토오세이리스루 죠세이
　　そうじとカベッドをせいりするじょせい
75. 투숙객의 편의를 살펴주는 부서(세탁·옷·구두닦이)
　　토우슈쿠샤노 벤기오 아타에루 부쇼
　　とうしゅくきゃくのべんぎをあたえるぶしょ

여행에 필요한 단어

76. 환전　　　　　　　료오가에　　　　りょうがえ
　　환전소　　　　　　료오가에쇼　　　りょうがえしょ

77. 세관 신고　　　　 제이깐노 신코쿠
　　　　　　　　　　 ぜいかんのしんこく

78. 세관에서 신고하다 제이깐데 신코쿠스루
　　　　　　　　　　 ぜいかんでしんこくする

　　신고품이 있습니까? 신코쿠힌가 아리마스까
　　　　　　　　　　 しんこくひんがありますか

79. 예약필(게시)　　　 요야쿠오도루　　よやくをとる

80. 예약·예약실　　　 요야쿠·요야쿠시쯔　よやく·よやくしつ

81. 호텔예약 담당직원 호테루노 요야쿠노 카카리인
　　　　　　　　　　 ホテルのよやくのかかりいん

82. 자동차의 주유소　 구루마노 가소린 스탄도
　　　　　　　　　　 くるまのガソリンスタンド

83. 음식의 1인분 한끼분의 음식(음료)
　　　　　　　　　　 이치도의 쇼쿠지　一度の食事

탑승 방송

상황 39

알려드립니다
오시라세시마스

おしらせします。

→ 탑승 하라는 방송 (1)

여러분 알려드립니다.
대한항공 서울행 10편 탑승객은 7번 탑승구로 탑승하시기 바랍니다.

미나상 오시라세시마스
카아루노 소우루유끼 쥬우빙 오갸꾸사마와
나나방게에토까라 고도오조오구다사이
みなさんおしらせします。
KALのソウル行き10びんお客様は7番ゲートからご搭乗ください。

돌아올때

탑승하라는 방송(2)

여러분 알려드립니다.
대한항공 서울행 10편 탑승객은 7번 탑승구로 탑승하시기 바랍니다.

미나상 오시라세시마스
카아루 소오루유끼 쥬우빈노 오갸꾸사마와 나나방게에토까라 고도오조오구다사이
みなさんおしらせします。
KALソウル行き10便のお客様は7番ゲートからご搭乗ください。

서울행 10편 비행기는 정시에 출발(도착)할 예정입니다.

소우루유끼노 쥬우빈노 히코오키와 요떼이노도오리 슛빠쓰시마스

ソウル行きの10便のひこうきは予定の通り出発します。

공항카운터 : **금연석에 창 옆좌석으로 주십시오.**

킨엔세키니 마도가와노 세끼오 돗떼 구다사이

きんえんせきに窓側の席を取ってください。

면세품 구입

상황 48

면세품을 사고 싶습니다.

멘제이힌가 가이타인데스
めんぜいひんがかいたいんです。

▶ 면세품 구입

여행객: **면세점이 어디에 있습니까?**

멘제이텡와 도코니 아리마스까
めんぜいてんはどこにありますか。

다른여행객: **저도 방향이 같습니다.**

저를 따라 오십시오.

와타시모 오나지 호오코오데스
私もおなじほうこうです。

와타시오 쯔이떼키떼 구다사이
わたしをついてきてください。

여행객: **감사합니다.**

아리가토오 고자이마스
ありがとうございます。

면세점 :	**도와드릴까요?**
	테쯔다이마쇼오까 てつだいましょうか。
여행객 :	**담배 한 상자 주십시오.**
	타바코 히토하코오 구다사이 たばこひとはこをください。
면세점 :	**그외 사실 것이 있으십니까?**
	소노호까 카우모노가 아리마스까 そのほかかうものがありますか。
여행객 :	**저 향수도 주세요.**
	아노 코오스이모 구다사이 あのこうすいもください。
	영수증 부탁합니다.
	로오슈우쇼오 오오네가이이타시마스 레시이토오 구다사이 りょうしゅうしょをおねがいいたしますレ シートをください。

부록 1 — 총정리 / 총점검

1. 항공편 전화 예약

오사카행 항공편을 예약하고 싶습니다.

오사카유키노 요야쿠오 시타인데스
大阪行きのよやくをしたいんです。

2. 항공권 구입

오사카행 편도 항공권 한 장 구입하고 싶습니다.

오사카유키노 카타미치노 쿠우코오켄오 이치마이 가이타인데스
大阪行きのかたみちのくうこうけんをいちまいかいたいんです。

3. 항공편 예약 재확인

나의 이름은 김인호입니다. 항공편 예약을 재확인하고 싶습니다.

와타시노 나마에와 김인호데스
쿠오코오빈노 요야쿠오 카쿠닌 시타인데스
私のなまえはキムインホです。
くうこうびんのよやくをかくにんしたいんです。

4. 항공편 예약 취소

예약을 취소하고 싶습니다.

요야꾸오 칸세루시타인데스
よやくをキャンセルしたいんです。

5. 다른 항공기편으로 예약 변경

밤 아홉시에 출발하는 비행기로 예약을 바꾸고 싶습니다.

요루 쿠지니 슛빠쯔스루 히코오키니 요야쿠오 헹꼬오시떼구다사이
よる 九時に 出発するひこうきに よやくを へんこうしてください。

6. 도움을 청함

이것이 나의 좌석번호인데 좀 찾아서 앉혀주시겠습니까?

고레가 와타시노 자세끼노반고오데스가 좃또 사가시떼구다사이
これが 私の ざせきの ばんごうですが ちょっと さがしてください。

7. 요 구

베개와 담요를 쓰고 싶습니다.

마쿠라또모오후오 구다사이
まくらと もうふを ください。

8. 지 불

여행자수표[한화]로 지불할 수 있습니까?

토라베라아즈 첵쿠데 하라우코토가 데키마스까
トラベラーズチェックで はらうことが できますか。

9. 구 토

토할 것 같습니다.

하쿠요오데스
はくようです。

10. 마실 것

마실 것 좀 주시겠어요?

오미즈오 입빠이 구다사이
お水を一杯ください。

11. 먹을 것

무엇을 좀 먹고 싶습니다.

나니오 좃또 다베타인데스
なにをちょっとたべたいんです。

12. 어지러움

나는 어지럽습니다.

와타시와 메마이가 시마스
わたしはめまいがします。

13. 통과여객

나는 통과여객입니다.

와타시와 쯔으카캬쿠데스
わたしはつうかきゃくです。

나는 비행기를 갈아타야 합니다.

와타시와 히코오키오 노리카에시나케레바 나리마셍
私はひこうきをのりかえしなければなりません。

14. 목 적

관광차

간코우데
かんこうで

사업차

쇼오요오데
しょうようで

15. 수하물

실례지만 수하물 찾는 곳이 어디에 있습니까?

시쯔레이데스가 데니모쯔노 사가스 도코로와 도코니 아리마스까
しつれいですがてにもつのさがすところはどこにありますか。

16. 세관검사

신고할 것이 없습니다.

신코쿠스루모노가 아리마셍
しんこくするものがありません。

17. 영수증 [보관증]

영수증[보관증]을 주십시오.

호칸쇼오오 구다사이
ほかんしょうをください。

18. 환전

한화를 엔화로 바꾸고 싶습니다.

강코구 원까오 엔까니 가에떼구다사이
かんこくウォンかをえんかにかえてください。

동전으로 주세요.

고제니니 구다사이
小銭にください。

1000엔짜리 지폐로 주세요.

센엔사쓰데 구다사이
千えんさつでください。

19. 임대차

차를 빌리고 싶습니다.

구루마오 카리타인데스
くるまをかりたいんです。

전세차

렌타카아
レンタカー

20. 여행사 알선 여행

우리는 여행사 알선 여행자들입니다.

와타시타치와 료코오샤노 가이도타치데스
私たちはりょこうしゃのカイドたちです。

우리는 안내자의 인솔을 받는 관광객입니다.

와타시타치와 간코오캬쿠데스
私たちはかんこうきゃくです。

21. 관광버스

이것이 우리의 관광버스입니다.

고레가 와타시타치노 간코오바스데스
これがわたしたちのかんこうバスです。

22. 소요시간

거기에 도착하는데 얼마의 시간이 걸립니까?

소코니 도오챠쿠스루노니 도노구라이 가카리마스까
そこにとうちゃくするのにどのくらいかかりますか。

23. 거 리

거리는 얼마나 됩니까?

교오리와 도노구라이 데스까
きょりはどのくらいですか。

24. 버스운전사

나는 여기가 초행입니다. 교오토까지 갑니다.

도착하면 내리라고 일러주세요.

와타시와 고코가 하지메떼 이쿠토코로데스 교오토마데 이키마스 도우챠쿠 스루또 오시라세구다사이
私はここがはじめていくところです。きょうとまでいきます。どうちゃくするとおしらせください。

25. 버스에 타고 확인

이것이 교오토행 맞습니까?

고레 교오토 유키데스까
これ きょうと行きですか。

26. 어디에서 탈 수 있습니까?

도코데 노레마스까
どこでのれますか。

27. 택 시

교오토까지 갑시다.

마데 이키마쇼우
きょうとまでいきましょう。

요금이 얼마입니까?

료오낑와 이쿠라데스까
りょうきんはいくらですか。

거스름 돈은 넣어두세요.

오쯔리와 이리마셍
おつりはいりません。

28. 이 근방에 버스정류장이 있습니까?

고노치카쿠니 바스노테이류우죠가 아리마스까
このちかくにバスのていりゅうじょがありますか。

이 근방에 한국식당이 있습니까?

고노치카쿠니 간코쿠노 쇼쿠도오가 아리마스까
このちかくに韓国のしょくどうがありますか。

29. 호텔 예약

이틀 동안 묵을 방을 예약하고 싶습니다.

후쯔까깡 토마루헤야오 요야꾸시타인데스
ふつかかんとまるへやをよやくしたいんです。

경치 좋은 방을 원합니다.

케시끼노 이이 헤야가 호시인데스
けしきのいいへやがほしいんです。

햇볕이 잘 드는 방을 원합니다.

히가사스 헤야가 호시인데스
ひがさすへやがほしいんです。

그 호텔은 몇 층 건물입니까?

소노 호테루와 난까이노 다테모노데스까
そのホテルは何かいのたてものですか。

김인호란 이름으로 예약하고 왔습니다.

기무인호데 요야꾸시데 키마시다
キムインホでよやくしてきました。

30. 잠을 깨우는 전화

내일 아침 6시 30분에 깨워줄 수 있습니까?

아시타노아사 로쿠지 산짓뿡 모오닝구코오루오 오네가이시마스
あしたのあさ6時30分にモーニングコールを
おねがいします。

31. 물표를 받고 짐을 맡김

이 짐을 맡길 수 있습니까?

고노니모쯔오 마카세루 고또가 데끼마스까
このにもつをまかせることができますか。

귀중품을 맡길 수 있습니까?

기쵸우힌오 마카세루 꼬또가 데끼마스가
きちょうひんをまかせることができますか。

32. 열쇠문제

렌터카 안에 열쇠를 두고 문을 잠그었습니다.

구루마노나까니 가기오 오이떼 도아오 시메마시다
くるまの中にかぎをおいてドアをしめました。

방 안에 열쇠를 둔채 문을 잠그었습니다.

헤야노나까니 가기오 오이떼 도아오 시메마시다
へやの中にかぎをおいてドアをしめました。

33. 식당 예약

두 사람이 식사할 창가 테이블을 예약하고 싶습니다.

후타리가 쇼꾸지스루 마도 가와노 테브루오 요야꾸 시타인데스
ふたりがしょくじするまどがわのテーブルをよやくしたいんです。

34. 식사 주문

두 사람이 먹을 모듬 요리 주세요.

후타리노 다베루 료우리오 구다사이
ふたりのたべるりょうりをください。

35. 열차의 좌석 예약

나고야행 열차의 좌석을 예약하고 싶습니다.

나고야 유끼노 렛샤노 자세끼오 요야꾸시따인데스
なごや行きのれっしゃのざせきをよやくしたいんです。

완행열차입니까? 직행열차입니까?

간고오렛샤데스까 죳코오렛샤데스까
かんこうれっしゃですか、ちょっこうれっしゃですか。

36. 침대객차를 원합니다.

신다이렛샤가 호시이테스
しんだいれっしゃがほしいです。

37. 몇 호선

나고야행 열차는 몇 호선입니까?

나고야유끼 렛샤와 도노 라인데스까
なごや行きれっしゃはどのラインですか。

3번선인가요? 4번선인가요?

산바센데스까 욘반센데스까
３ばんせんですか、よんばんせんですか。

38. 몇 정거장

나고야까지는 몇 정거장

나고야마데와 이쿠쯔노 테이류우조
なごやまではいくつのていりゅうじょ。

39. 유람선

유람선은 어디서 탑니까?

유우란센와 도꼬데 노리마스까
ゆうらんせんはどこでのりますか。

40. 멀 미

나는 배멀미를 한다. [차멀미·비행기멀미]

와타시와 후네니 요이마시타
わたしは船に酔いました。

41. 항공우편

항공우편으로 한국에 편지를 보내고 싶습니다.

고우쿠우유우빈데 간코꾸니 테가미오 오쿠리타인데스
こうくうゆうびんで韓国にてがみをおくりたいんです。

42. 속달 소포

한국에 이 소포를 속달로 보내고 싶습니다.

간코꾸에 고노 고쯔즈미오 소꾸따쓰데 오네가이시마스
韓国へこのこづつみを速達でおねがいします。

43. 서울로 전화

서울로 해외전화를 하고 싶습니다. 요금 수신인 지불통화입니다.

소우루에 가이가이 뎅와오 시타인데스 코레쿠토코오루데 오네가이시마스
ソウルへかいがいでんわをしたいんです。
コレクトコールでおねがいします。

전화번호는 02-730-7685.
나의 이름은 김인호. 여기 번호는 208-9030

뎅와방고오와 레이니 나나상제로 로꾸고하치고
でんわばんごうは 02-730-6585。

와타시노 나마에와 김인호 코코노 방고오와 니제로 하치구제로상제로
私のなまえはキムインホここのばんごうは 208-9030。

44. 선물용으로 포장

오미야케데 호오소오　　おみやげでほうそう

45. 소포용으로 포장

고즈쯔미데 호오소오
こづつみでほうそう

46. 국가번호 · 도시번호

한국 전신 번호 좀 일러주시겠습니까?

간코꾸노 뎅신반고오오 오시라세구다사이
韓国のでんしんばんごうをおしらせください。

서울의 전신 번호는 무엇입니까?

소우루노 뎅신반고오오 오시라세구다사이
ソウルのでんしんばんごうをおしらせください。

47. 호텔에서 여행국 국내전화.

오오사카에 콜을 부탁합니다.

오오사카니뎅와오 오네가이시마스
大阪にでんわをおねがいします。

48. 전화요금

요금은 제 방으로 청구해 주세요.

료오킹와 와타시노헤야니 세이큐우시테 구다사이
りょうきんは私のへやにせいきゅうしてください。

49. 직통전화 도오교오에서 한국으로

순서 1. 011 (국제전화 신청코드)
  〃 2. 17 (한국 국가 코드)
  〃 3.   2 (서울 코드)
  〃 4. 785-2450 (통화대상 전화번호)

50. 나는 OOO와 통화하고 싶습니다.

와타시와 ○○○또 쯔으와 시타인데스
わたしは○○○とつうわしたいんです。

51. 공중전화

이 근처에 공중전화가 있습니까?

고노치카꾸니 아까 뎅와가 아리마스까
このちかくにあかでんわがありますか。

52. 상품 판매

여기서 선글라스·색안경을 팝니까?

고코데 산가라스오 우리마스까
ここでサングラスをうりますか。

53. 배 달

호텔까지 배달해 줄 수 있습니까?

호테루마데 하이타쯔 데끼마스까
ホテルまではいたつできますか。

54. 관광명소

여기서 최고로 꼽히는 관광명소는 어디입니까?

고코데 이치방 이이 칸코오메이쇼와 도코데스까
ここでいちばんいいかんこうめいしょはどこですか。

55. 시내구경

시내구경을 하고 싶습니다.

시나이노 켄부쯔가 시타인데스
しないのけんぶつがしたいんです。

56. 안내 의뢰

안내해 주시겠습니까?

안나이시데 구다사이마센까
あんないしてくださいませんか。

57. 처 방

처방전대로 약을 지어주십시오.

쇼호우센노요우니 구수리오 구다사이
しょほうせんのようにくすりをください。

58. 주 사

주사를 맞을 수 있을까요? 열이 있습니다.

츄우샤오 웃떼 모라우고또가 데끼마스까 네쓰가 아리마스
ちゅうしゃをうってもらうことができますか。ねつがあります。

59. 분 실

돈지갑을 분실했습니다.

사이후가 나꾸나리마시타
さいふがなくなりました。

60. 도 난

돈지갑을 소매치기 당했습니다.

사이후오 스라레마시타
さいふをすられました。

61. 둔채 잊고 가다.

실례합니다. 제 카메라를 버스 안에 놓고 내렸습니다.

시쯔레이데스가 와타시노 카메라오 바스니 와스레떼 시마이마시다
しつれいですが、わたしのカメラをバスにわすれてしまいました。

62. 선 물

딸에게 줄 생일선물입니다.

무스메노 단조오비노 오미야게데스
むすめのたんじょうびのおみやげです。

63. 도난 신고

도난 신고하고 싶습니다.

도오난 도도케오 시타인데스
とうなんとどけをしたいんです。

64. 매니저

매니저 좀 불러주세요.

마네쟈아오 욘데구다사이
マネージャーをよんでください。

65. 찾는 짐이 없을 때

짐을 찾을 수 없습니다.

니모쯔오 사가스고또가 데끼마셍
にもつをさがすことができません。

66. 교통사고

한국에서 온 김인수입니다. 교통사고를 냈습니다.

강코꾸까라 기따 김인수데스
かんこくからきたキムインスです。

코오쯔으 지코오 오꼬시마시다
こうつうじこをおこしました。

67. 부　　상

왼쪽 팔에 부상을 입었습니다.

히다리노우데니 게가오 시마시다
ひだりのうでにけがをしました。

68. 호텔로 연락

제 가방을 찾는대로 연락해 주십시오.

와타시노 가방오 사가스또 스구 고렌라꾸구다사이
私のかばんをきがすとすぐごれんらくください。

69. 탑승 수속

서울행 KAL 205기의 탑승 수속을 어디서 합니까?

소우루유끼 KAL 니햐꾸고빈노 토오죠오노 데쯔즈키와 도꼬데스까
ソウル行きKAL205便のとうじょうのてつづきはどこですか。

70. 송이

포도 한 송이 주십시오.

부도오오 구다사이
ぶどうをください。

71. 감 사

도와주셔서 감사합니다.

오세와사마데시다
おせ話さまでした。

고맙습니다.

아리가또오고자이마스   ありがとうございます。

아닙니다. 괜찮습니다.

이이에 도우이타시마시떼   いいえ、どういたしまして。

72. 사례에 답

천만에요.

이이에 도오이타시마시떼
いいえ、どういたしまして。

73. 사과·유감·아쉬움

발을 밟았나요? 죄송해요.

아시오 후미마시타까 스미마셍
あしをふみましたか。すみません。

유감이지만 갈 수가 없습니다.

스미마셍가 이꾸고또가 데키마셍
すみませんがいくことができません。

74. 실　례

실례지만 잠깐 [잠깐만 실례하겠습니다. 잠깐 무엇 좀 물어보겠습니다 등]

스미마셍데시다　　　　　스미마셍가
すみませんでした。　すみませんが。…

75. 정중한 의뢰나 권유

커피 한 잔 드시겠습니까?

고오히오 오노미니 나리마스까
コーヒーをおのみになりますか。

76. 바라다, 원하다 · 갖고 싶다.

나는 ~을 원한다 · 갖고 싶다.

와타시와 ~가 호시이　　私は　~がほしい。

나는 새 차를 (몹시) 갖고 싶다.

와타시와 아타라시이 구루마가 호시이
私はあたらしいくるまがほしい。

나는 ~하기를 원한다 · 바란다. ~하고 싶다.

와타시와 ~타이　　　私は　~たい。

시내에 가고 싶다.

시나이니 이키타이
市内に行きたい。

77. 필　요

너는 ~할 필요가 있다. 너는 ~하지 않으면 안된다.

즉시 의사의 진찰을 받아야 하겠다.

아나타와　~시나케레바 나라나이
あなたは　~しなければならない。

78. 강한 선택

나는 ~하는 쪽이[편이] 낫다.

와타시와 ~스루호오가 이이　　私は　~するほうがいい。

나는 갈비를 먹는 편이 낫겠어요.

와타시와 가루비오 타베루 호오가 이이데스
私はガルビをたべるほうがいいです。

79. 허 가

내가 ~해도 좋습니까?

와타시가 ~시테모 이이데스까　わたしが ~してもいいですか。

여기서 담배를 피워도 좋습니까? 네, 좋습니다.

고코데 타바코오 숫데모 이이데스까　하이 이이테스
ここでたばこをすってもいいですか。
はい、いいです。

사적인 질문을 해도 좋습니까?

프라이벤토노 시쯔몽오 시테모 이이데스까
プライベートのしつもんをしてもいいですか。

80. 정중한 표현

저는 ~을 원합니다.

와타시와 ~가 호시이데스　　私は ~がほしいです。

커피 한 잔을 원합니다.

고오히오 구다사이　　コーヒーをください。

저는 ~하기를 원합니다.

와타시와 ~시요오또시마스　私は ~しようとします。

저는 다나까씨를 면회하기 원합니다.

와타시와 다나까산니 오아이시타인데스
私はたなかさんにおあいしたいんです。

당신을 만나뵙고 싶습니다.

아나타니 오아이 시타인데스
あなたにお会いしたいんです。

81. 예정

나는 ~할 예정입니다.

와타시와 ~스루 쯔모리데스 わたしは ~するつもりです。

나는 시내를 구경할 예정입니다.

와타시와 시나이오 켄부쯔스루 쯔모리데스
私はしないをけんぶつするつもりです。

82. 장소에 갈 예정

나는 ~에 갈 예정입니다. [갑니다]

와타시와 ~에 이꾸 쯔모리데스
私は ~へ行くつもりです。

수퍼마켓에 갈 예정입니다.

스우빠마켓토에 이꾸쯔모리데스
スーパマケットへ行くつもりです。

83. 상대방의 예정 [언제·누가·어디서·무엇을·어떻게·왜]

언제 가실 예정입니까?

이쯔 이랏샤루요테이데스까
いついらっしゃるよていですか。

누구를 만날 예정입니까?

다레니 아우요테이데스까
だれにあうよていですか。

어디에서 식사하실 예정입니까?

도꼬데 쇼꾸지오나사루 요테이데스까
どこでしょくじをなさるよていですか。

84. 몇 차례·몇 번

홋카이도오에 가는 여객기는 몇 차례나 있습니까?

혹카이도오에유꾸 히코오키와 난카이 아리마스까
ほっかいとうへいくひこうきはなんかいありますか。

교오토가는 열차는 몇 차례나 있습니까?

쿄오토하쓰노 렛샤와 난카이구라이 아리마스까
きょうと発の列車はなんかいぐらいありますか。

85. 지 연

얼마나 지연됩니까? (출발이)

도노구라이 오꾸레마스까
どのくらい遅れますか。

86. 연 착

여객기는 30분 연착합니다.

히코오키와 산짓뽕 오쿠레마스
ひこうきは30分おくれます。

87. 통과여객

통과여객입니다.

쯔으카료갸꾸데스
つうかりょきゃくです。

88. 무착륙 비행

이것은 무착륙 비행기편입니까?

고레와 논스토프 고오꾸우빈데스까
これはノンストップこうくうびんですか。

89. 도중착륙

일본에서 도중착륙합니다.

니혼데 도쭈우차꾸리꾸데스
日本でとちゅうちゃくりくです。

90. 갈아타다

나는 다른 여객기로 갈아타야만 한다.

와타시와 호까노히코오키니 노리까에시나케레바 나리마셍
私はほかのひこうきにのりかえしなければなりません。

91. 갈아타는 공항

갈아타는 공항 이름은 무엇입니까?

노리까에루 쿠우코오와 난또이이마스까
のりかえるくうこうは何といいますか。

92. 양 보

먼저타세요. 먼저가세요. 먼저하세요.

도오조 오사끼니
どうぞ、おさきに。

93. 물건 값

값을 깎을 수 있습니까?

좃또 마케떼 구다사이 마셍까
ちょっとまけてくださいませんか。

값을 조금 깎아줄 수 있습니까?

스코시 마케떼 구다사이
すこしまけてください。

94. 출국수속

출국수속은 마치셨습니까?

슛코꾸테쯔즈키와 오와리마시다까
出国てつづきはおわりましたか。

95. 다음 비행기

서울행 다음 비행기는 몇 시에 떠납니까?

소우루유끼 쯔기노 히꼬오키와 난지니 데마스까
ソウルゆきつぎのひこうきは何時にでますか。

96. 식당차

이 열차에 식당차가 있습니까?

고노렛샤니 쇼꾸도오샤가 아리마스까
このれっしゃにしょくどうしゃがありますか。

97. 좌 석

미안합니다. 이 자리에 앉아도 될까요?

스미마셍 고노이스니 가케떼모 이이데스까
すみません、このいすにかけてもいいですか。

98. 1박 예정

교오또에서 1박할 예정입니다.

교오또데 잇빠꾸스루 쯔모리데스
きょうとで1泊するつもりです。

99. 2박 3일 여행

나고야로 2박 3일 여행을 할 예정입니다.

나고야에 니하꾸 믹까 료코오스루 쯔모리데스
なごやへ二泊三日りょこうするつもりです。

100. 1인실

1인실을 예약하고 싶습니다.

신구루루우무오 요야꾸시다인데스
シングルルームをよやくしたいんです。

부록 2

대화할 때/소개할 때/감사할 때/사과할 때
도움이나 친절에 대하여/감사표현에 대한 응답/
길을 물을 때와 안내할 때

대화할 때 필요한 기본표현

- 다시 한번 말씀해 주시겠습니까?

  모오이찌도 옷샷떼구다사이
  もう一度おっしゃってください。

- 말씀을 잘 알아들을 수가 없군요.

  하나시타 코또가 와까리니꾸이데스
  はなしたことがわかりにくいです。

- 말씀하시는 것을 이해할 수 없군요.

  옷샷타 코또가 와까리니꾸이데스
  おっしゃったことがわかりにくいです。

- 내가 이해할 수 있도록 말씀하신 것을 적어주시겠습니까?

  와타시가 와까루요오니 옷샷타코또오 가이떼구다사이
  私がわかるようにおしゃったことをかいてください。

- 말씀하시는 것을 반정도만 이해합니다.

  옷샷타코또오 스코시시카 와카리마셍
  おっしゃったことをすこししかわかりません。

- 제가 말을 제대로 했습니까?

  와타시노 하나시타 니혼고가 다타시이데스까
  私のはなした日本語がただしいですか。

자기소개의 기본표현 (1)

- **제 소개를 할까요?**

  지꼬쇼오까이오 사세떼 이다다끼마스까
  自己紹介をさせていただきますか。

- **나의 이름은 김동수입니다.**

  와타시와 김동수데스
  私はキムドンスです。

- **성은 김이고 이름은 동수입니다.**

  세이와 김데 나마에와 동수데스
  せいはキムで、なまえはドンスです。

- **제 소개를 하겠습니다.**

  지코쇼오까이오 사세떼 이타다키마스
  自己紹介をさせていただきます。

- **저는 김기수라고 합니다.**

  와타시와 김기수데스
  私はキムキスです。

- **그냥 김이라고 불러주세요.**

  기무또 욘데구다사이
  キムとよんでください。

자기소개의 기본표현 (2)

- 방금 소개된 김인수입니다.

  다다이마 쇼오까이사레타 김인수데스
  ただいま紹介されたキムインスです。

- 앞으로 저를 인수라고 불러 주십시오.

  코레까라 와타시오 인수또 욘데 구다사이
  これから私をインスとよんでください。

- 저는 한국에서 왔습니다.

  와타시와 간코쿠까라 기마시다
  私はかんこくからきました。

- 잘 부탁합니다.

  요로시꾸 오네가이이따시마스
  よろしくおねがいいたします。

- 제 일어에 대해서 말씀을 드리면,

  와타시노 니홍고니 타이시데
  私の日本ごにたいして。

- 일어를 잘 못하기 때문에 잘해 보려고 노력하고 있습니다.

  니홍고가 헤타데스까라 죠오즈니 시오오또 간밧테이마스
  日本ごがへたですからじょうずにしようとかんばっています。

- 피눈물 나는 노력을 할 생각입니다. 감사합니다.

  토테모 도료꾸지데 이마스 아리가또오고자이마스
  とてもどりょくしています。
  ありがとうございます。

자기소개의 기본표현 (3)

● 초면입니다. 인사나 하실까요.

하지메마시데 오메니가까레떼 타이헹 우레시이데스
はじめまして。お目にかかれてたいへんうれしいです。

● 김동수라고 합니다. 한국에서 왔습니다.

김동수데스 간코꾸까라 마이리마시타
キムドンスです。かんこくからまいりました。

● 성함을 어떻게 불러야 되겠습니까?

오나마에오 도오 요부호오가 이이데스까
おなまえをどうよぶほうがいいですか。

● 그냥 기무라라고 부르세요.

마아 기무라또 욘데구다사이
まあ、きむらとよんでください。

● 다나카가 나의 성입니다.

다나카가 와타시노 세이데스
田中が私の姓です。

● 기무라의 철자를 알고 싶습니다.

기무라노 스페린구가 시리타인데스
きむらのスペリングがしりたいんです。

A를 B에게 소개할 때 (1)

- 제 여동생을 소개하겠습니다.

  와타시노 이모오또오 쇼오가이사세떼 이타다키마스
  私のいもうとを紹介させていただきます。

- 제 남동생과 인사나 하시죠.

  와타시노 오도오또데스
  私のおとうとです。

- 제 부인과 인사하시죠.

  와타시노 가나이데스
  私のかないです。

- 처음 뵙겠습니다. 부인

  하지메마시데 옥상
  はじめまして。おくさん

- 다나카씨한테서 말씀 많이 들었습니다.

  다나카상까라 우까갓떼 오리마시다
  たなかさんからうかがっておりました。

- 그 전부터 꼭 만나뵙고 싶었습니다.

  소노마에까라 제히또모 오메니카카레타인데시다
  その前からぜひともおめにかかれたいんでした。

부록: 대화할때 필요한 기본표현

A를 B에게 소개할 때 (2)

- **다나카씨, 이쪽은 김씨입니다.**

다나카상 고치라와 김상데스

たなかさん、こちらはキムさんです。

- **김씨, 이쪽은 다나카씨입니다.**

기무상 고치라와 다나카상데스

キムさん、こちらはたなかさんです。

- **처음 뵙겠습니다. 다나카씨. 만나서 반갑습니다.**

하지메마시데 다나카상 오메니가까레떼 다이헹 우레시이데스

はじめまして。たなかさん、

お目にかかれてたいへんうれしいです。

- **처음 뵙겠습니다. 김씨 나도 역시 만나서 반갑습니다.**

하지메마시데 기무상 와타시모 오시리아이니 나레떼 우레시이데스

はじめまして。キムさん私もお知り合いになれてうれしいです。

A를 B와 C에게 소개할 때

- 다나카씨, 이분이 김씨, 이분은 한씨입니다.

  다나카상 고치라와 김상 코치라와 한상데스

  たなかさん、こちらはキムさん、
  こちらは韓さんです。

- 이분은 다나카씨입니다.

  고치라와 다나카상데스

  こちらはたなかさんです。

- 처음 뵙겠습니다. 다나카씨, 만나서 반갑습니다.

  하지메마시데 다나카상 오메니 카카레떼 우레시이데스

  はじめまして。たなかさん、
  お目にかかれてうれしいです

- 두 분 처음 뵙겠습니다. 역시 만나서 반갑습니다.

  하지메마시데 와타시모 오메니가카레떼 토떼모 우레시이데스

  はじめまして私もお目にかかれて。
  とてもうれしいです。

부록: 대화할때 필요한 기본표현

간단한 인적사항을 곁들인 소개(1)

- **다나카씨, 이 분은 삼성전자에서 근무하는 김씨입니다.**

  다나카상 코노카타와 삼성덴시데 쯔토메떼이루 김상데스
  たなかさん、このかたは三星でんしでつとめているキムさんです。

- **김씨, 이 분은 산요오전자에서 근무하시는 다나카씨입니다.**

  기무상 고노가타와 산요오덴시데 쯔토메떼이루 브라운상데스
  キムさん、このかたは三洋電子でつとめているたなかさんです。

소개(2)

- **다나카씨, 이 분은 한 직장에서 같이 일하고 있는 민씨입니다.**

  다나카상 코노카타와 오나지 가이샤데 잇쇼니 쯔토메떼이루 민산데스
  たなかさん、このかたはおなじかいしゃでいっしょにつとめている閔さんです。

- **다나카씨, 이 분은 민씨입니다. 저와 같이 일하는 분입니다.**

  다나카상 고노카타와 민상데스 와타시또 잇쇼니 쯔토메떼이루 가타데스
  たなかさん、このかたは閔さんです。
  私といっしょにつとめているかたです。

- **우리는 대학 동기입니다.**

  와타시타치와 다이가꾸노 도오키데스
  私たちは大学のどうきです。

- **동창생입니다.**

  도오소오세이데스
  どうそうせいです。

- **귀중한 거래처[고객, 단골]입니다.**

  다이세쯔나 도리하키쇼데스
  たいせつなとりひきしょです。

- **나의 귀중한 구매자입니다.**

  와타시노 타이세쯔나 토쿠이데스
  私のたいせつなとくいです。

- **이웃 동네분입니다.**

  오토나리상데스
  おとなりさんです。

- **우리집 옆집에 사십니다.**

  와타시노 토나리니슨데이마스
  私のとなりにすんでいます。

- **한 집 건너 옆집에 사십니다.**

  잇껭오 와탓떼 토나리노이에니 슨데 이랏샤이마스
  いっけんをわたってとなりのいえにすんでいらっしゃいます。

- **우리는 절친한 친구사이입니다.**

  와타시타치와 시타시이 토모다치데스
  私たちはしたしいともだちです。

- **우리는 막역한 친구사이입니다.**

  와타시타치와 시타시이 토모다치데스
  私たちはしたしいともだちです。

감사할 때 필요한 기본표현 편지를 받고

- 편지 감사합니다.

  오테가미 아리가또오고자이마스
  おてがみありがとうございます。

- 귀하의 편지 잘 받았습니다.

  아나타노 오테가미오 요쿠 이다다키마시다
  あなたのおてがみをよくいただきました。

초대를 받고

- 초대해 주셔서 감사합니다.

  오마네끼 이타다키마시떼 아리가또오고자이마스
  お招きいただきましてありがとうございます。

- 저녁식사에 초대해 주셔서 감사합니다.

  유우쇼꾸니 오마네끼 이타다키마시떼 아리가또오고자이마스
  夕食にお招きいただきましてありがとうございます。

- 결혼식에 초대해 주셔서 감사합니다.

  겟콘시키니 오마네끼 이타다키마시테 아리가또오고자이마스
  けっこんしきにお招きいただきましてありがとうございます。

- 집들이 파티에 초대해 주셔서 감사합니다.

  오마네키 이타다키마시테 아리가또오고자이마스
  お招きいただきましてありがとうございます。

- 생일파티에 초대해 주셔서 감사합니다.

  단조오 파티니 오마네끼 이타다까이마시떼 아리가또오고자이마스
  たんじょうパーティーにお招きいただきましてありがとうございます。

파티를 열어주어 감사할 때

● 저를 위해 파티를 열어주어 감사합니다.

　와타시노 다메노 파티 아리가또오고자이마스
　私のためのパーティーありがとうございます。

● 저를 위해 환영회를 열어주어 감사합니다.

　와타시노 다메노 간게이카이 아리가또오고자이마스
　私のためのかんげいかいありがとうございます。

● 저를 위해 송별회를 열어주어 감사합니다.

　와타시노 타메노 소오베쯔까이 아리가또오고자이마스
　私のためのそうべつかいありがとうございます。

● 전출 파티를 열어주어 감사합니다.

　텐슈쯔파티 아리가또오고자이마스
　てんしゅつパーティーありがとうございます。

● 퇴직 파티를 열어주어 감사합니다.

　다이쇼꾸파티 아리가또오고자이마스
　たいしょくパーティーありがとうございます。

● 축하회를 열어주어 대단히 감사합니다.

　오이와이 아리가또오고자이마스
　おいわいありがとうございます。

선물을 받고 감사할 때

● 좋은 선물을 주셔서 대단히 감사합니다.

　이이 오미야게 아리가또오고자이마스
　いいおみやげありがとうございます。

사과할 때 필요한 기본표현 늦었을 때

- **죄송합니다. 좀 늦었습니다.**

  스미마셍 좃또 오쿠레마시다
  すみません、ちょっとおくれました。

- **늦어서 미안합니다. [죄송합니다]**

  오소꾸낫떼 스미마셍
  おそくなってすみません。

- **기다리게 해서 미안합니다.**

  오마따세 이따시마시다
  おまたせいたしました。

기분을 상하게 하고

- **기분을 상하게 해드렸다면 사과합니다.**

  키모치가 와루캇타라 모우시와케아리마셍
  きもちがわるかったらもうしわけありません。

- **화나게 해드렸다면 사과합니다.
  기분 나쁘게 해드렸다면 사과합니다.**

  오콧따라 스미마셍 기모치가 와루캇타라 모우시와케아리마셍
  おこったらすみません。きもちがわるかったら
  もうしわけありません

- **찾아뵙지 못해서 정말 죄송합니다.**

  혼또오니 스미마셍
  ほんとうにすみません。

오랫동안 편지를 못하고

- 이렇게 오랫동안 격조하여 사과를 드려야겠습니다.

  숫까리 고부사타 시마시다
  すっかりごぶさたしました。

- 무어라 사과를 드려야할 지 모르겠습니다.

  모오시와케 아리마셍
  もうしわけありません。

- 사과할 것이 있습니다.

  오쟈마이타시마시다
  おじゃまいたしました。

오히려 이쪽에서 사과해야 할 때

- 사과할 사람은 그쪽이 아니라 오히려 이쪽입니다.

  아야마루하도와 아나타쟈나꾸 와타시데스
  あやまる人はあなたじゃなくわたしです。

- 그 일로 사과하실 필요없습니다.
  전혀 중대한 일이 아닙니다.

  소노 고또데 아야마라나꾸데모 이이데스
  そのことであやまらなくてもいいです。

  맛타꾸 쥬우다이나 고도쟈 아리마셍
  まったくじゅうだいなことじゃありません。

일을 저지르고 또는 양해를 구할 때

- 내가 저지른 일을 사과합니다.

  와타시가 와루캇타노데스
  私がわるかったのです。

- 실례[무례]를 사과합니다.

  시쯔레이 이타시마시타
  しつれいいたしました。

- 저의 경솔함을 사과드립니다.

  스미마셍
  すみません。

- 성가시게해서 죄송합니다.

  고멘도오오카케떼 스미마셍
  ごめんどうをかけてすみません。

- 말씀 도중에 죄송합니다.

  스미마셍
  すみません。

- 얼굴(옷차림)이 이래서 죄송합니다.

  모오시와케 아리마셍
  もうしわけありません。

- 장갑을 낀채로입니다. 양해하여 주십시오.

  데부쿠로오 하메타마마데스 오후구미오 네가이마스
  てぶくろをはめたままです。
  おふくみをねがいます。

가벼운 사과(액센트의 위치에 주의)

- 죄송합니다. 미안합니다.

  고멘나사이 모오시와케아리마셍

  ごめんなさい。もうしわけありません。

- 죄송합니다. 미안합니다.

  스미마셍

  すみません。

- 저야말로 사과합니다. 저야말로 죄송합니다.
  사과는 제가 해야죠.

  와타시고소 스미마셍 와타시코소 스미마셍

  私こそすみません。わたしこそすみません。

참고

- 감사합니다.

  아리가또오고자이마스

  ありがとうございます。

- 감사는 오히려 제가 해야죠

  와타시코소 아리가또오고자이마스

  私こそありがとうございます。

- 미안!

  고멘

  ごめん。

사과에 대한 응답

- **괜찮습니다.**

  이이데스

  いいです。

- **관계 없습니다.**

  간케이 나인데스

  かんけいないんです。

- **천만에요.**

  도오이따시마시테

  どういたしまして。

- **있을 수 있는 일이지요.**

  아리소우데스

  ありそうです。

- **누구나 그럴 수 있는걸요.**

  다레데모 소오 오모우코또가데키마스

  だれでもそう思うことができます。

- **그런건 괜찮습니다. [염려하지마]**

  소레와 이이데스

  それはいいです。

- **그런건 잊어주세요. [그 일은 잊어주시오]**

  소레와 와스레떼 구다사이

  それはわすれてください。

- **신경 쓰지마라, 괜찮다.**

  이이데스
  いいです。

- **중대한 일이 아닙니다.**

  다이지나 코또쟈 아리마셍
  だいじなことじゃありません。

- **그 일은 걱정하지 마시오.**

  소노 고또와 신빠이시나이데 구다사이
  そのことはしんぱいしないでください。

- **그 까짓 일로 걱정마라.**

  소노 고또와 신빠이시나이데
  そのことはしんぱいしないで。

- **사과할 것 없다.**

  아야마루고또와 나이
  あやまることはない。

- **사과할 쪽은 그쪽이 아니라 바로 이쪽입니다.**

  아야마루히또와 아나타쟈나꾸 와타시데스
  あやまる人はあなたじゃなくわたしです。

- **나는 벌써 기분을 풀은걸요 뭐.**

  와타시와 모오 타이죠오부데스
  私はもうだいじょうぶです。

도움이나 친절에 대하여

- 당신의 친절에 깊이 감사합니다.
  고 신세쯔니 아리가또오고자이마스
  ごしんせつにありがとうございます。

- 도와 주셔서 대단히 고맙습니다.
  이로이로또 아리가또오고자이마스
  いろいろとありがとうございます。

- 조언해 주셔서 [힌트를 주어] 고맙습니다.
  아도바이스오 아따에떼 아리가또오고자이마스
  アドバイスをあたえてありがとうございます。

- 위로해 주셔서 깊이 감사합니다.
  이로오 아리가또오고자이마스
  いろうありがとうございます。

- 여러 가지로 애를 써 주셨습니다. 감사합니다.
  이로이로또 고쿠로오사마데시타 아리가또오고자이마스
  いろいろとごくろうさまでした。
  ありがとうございます。

- 정말 신세졌습니다.
  오세와니 나리마시다
  おせわになりました。

- 여러 가지로 신세졌습니다.
  오세와니 나리마시다
  おせわになりました。

- 무어라고 감사해야 할 지 모르겠습니다.
  아리가또오고자이마스
  ありがとうございます。

- 여기있는 동안 베풀어주신 후대에 깊이 감사드립니다.
  소노아이다 아리가또오고자이마스
  そのあいだありがとうございます。

- 당신의 은혜는 결코 잊지 않겠습니다.
  아나타노 온케이와 겟시데 와스레마셍
  あなたのおんけいはけっしてわすれません。

- 이 은혜를 어찌 갚아야 할 지 모르겠습니다.
  도오모 아리가또오고자이마스
  どうもありがとうございます。

- 당신에게 큰 은혜를 입고 있습니다.
  아나타까라 오오키나 온오 우케데이마스
  あなたからおおきなおんをうけています。

- 어떻게 감사를 충분히 드려야 할 지 모르겠습니다.
  도오모 아리가또오고자이마스
  どうもありがとうございます。

감사표현에 대한 응답

- **천만에요.**
  도오이따시마시떼
  どういたしまして。

- **원 별말씀을**
  도오이따시마시떼
  どういたしまして

- **천만의 말씀입니다.**
  도오이따시마시떼
  どういたしまして。

- **천만의 말씀입니다.**
  도오이따시마시떼
  どういたしまして。

- **원 천만에요.**
  도오이따시마시떼
  どういたしまして。

- **그걸 대단한 것으로 생각지 마십시오.**
  소레오 다이지나 코또데 오모와나이데구다사이
  それをだいじなことでおもわないでください。

- 감사해야 할 쪽은 그쪽이 아니고 바로 이쪽입니다.

  와타시코소 토테모 아리가또오고자이마스

  私こそとてもありがとうございます。

- 당신을 도와드려서 기뻤습니다.

  아나타오 타스케루코또가 우레시이데스

  あなたをたすけることがうれしいです。

- 나는 사람들 도와주는걸 좋아합니다.

  와타시와 히또타치오 타스케루노가 스키데스

  私は人たちをたすけるのがすきです。

- 아! 아닙니다. 아무것도 아닙니다. 너무 그러지 마십시오.

  아 이이에 난데모 아리마셍

  あ！いいえ、何でもありません。

- 제가 큰 도움이 되었다니 기쁩니다.

  와타시가 오오키나 타스케니 낫타라 우레시이데스

  私がおおきなたすけになったらうれしいです。

- 제가 도울 수 있었던 것이 다행입니다.

  와타시가 타스케니낫타노와 우레시이데스

  私がたすけになったのはうれしいです。

- 그건 기쁜 일입니다. [도와 드린다는게 기쁜일이죠 뭐]

  소레와 우레시이 코또데스

  それはうれしいことです。

길을 물을때와 안내할 때 (1)

- **실례합니다. 중앙우체국으로 가는 길을 가르쳐[안내해] 주시겠습니까?**

  시쯔레이데스가 츄우오오유우빙쿄꾸에 이꾸미치오 오시에떼 구다사이마셍까

  しつれいですが、中央ゆうびんきょくへ行くみちをおしえてくださいませんか。

- **네. 여기서 소형버스를 타세요. 401호입니다.**

  하이 고코데 미니바스니 놋떼구다사이 욘햐쿠이치고오데스

  はい、ここでミニバスにのってください。401号です。

- **중앙우체국까지는 몇 정거장입니까?**

  츄우오오유우빙쿄꾸와 이꾸쯔메데쓰까

  中央ゆうびんきょくはいくつめですか。

- **다섯 정거장 됩니다.**

  이쯔쯔메데스

  いつつめです。

- **소형버스는 얼마나 자주 다닙니까?**

  미니바스와 난카이 카요이마스까

  ミニバスは何かいかよいますか。

- **매 4분마다 있습니다.**

  욘뿐 오키니 아리마스

  4分おきにあります。

- **대단히 감사합니다.**

  도테모 아리가또오고자이마스

  とてもありがとうございます。

(2)

- 실례합니다. 이 길이 YMCA로 가는 길입니까?

  시쯔레이데스가 YMCA에 이꾸미치데스까
  しつれいですが、YMCAへ行くみちですか。

- 네, 그렇습니다.

  하이 소오데스
  はい、そうです。

- 좀 지나쳐 오셨습니다.
  오던길을 2, 3분 도로 가십시오.

  좃또 노리코시마시다 니 산뿡 히키가에시떼 구다사이
  ちょっとのりこしました。
  二・三分ひきかえしてください。

- 앞에 간판이 보일겁니다.

  마에니 간반가 미에루데쇼오
  まえにかんばんがみえるでしょう。

- 쉽게 찾을 수 있습니다.

  야사시꾸 사가스고또가 데키마스
  やさしくさがすことができます。

- 감사합니다.

  아리가또오고자이마스
  ありがとうございます。

- 실례합니다. 경찰관님.
  여기가 초행이라서 길을 잃었습니다.
  여기가 어디쯤 됩니까?

  시쯔레이 시마스
  しつれいします。

  고코와 하지메데데스까라 미치니 마욧떼 시마이마시다
  ここははじめてですから道にまよってしまいました。

  고코와 도코데스까
  ここはどこですか。

- 여기 지도가 있습니다.
  계신 곳이 이 지점입니다.

  코코니 치즈가 아리마스 이랏샤루도코로와 고코데스
  ここにちずがあります。
  いらっしゃるところはここです。

- 저는 지금 종로2가에 있군요.

  와타시와 이마 종로니가이니 아룬데스네
  私はいま鍾路2がいにあるんですね。

- 네, 그렇습니다.

  하이 소오데스
  はい、そうです。

(4)

- **실례합니다. 교통순경아저씨,
  이태원 가는 길을 찾고 있는데 가도록 도와주시겠습니까?**

  시쯔레이시마스
  しつれいします。

  이태원에 이쿠미치오 오시에데 구다사이마셍까
  イテウォンへ行くみちをおしえてくださいませんか。

- **가르쳐 드리고 말고요.
  한국엔 처음 오셨습니까?**

  오시에마스 간코쿠와 하지메떼데스까
  おしえます。 かんこくははじめてですか。

- **네, 그렇습니다.
  어리둥절해서 어찌할 바를 모르겠습니다.**

  하이 소오데스 요꾸 와카리마셍
  はい、そうです。 よくわかりません。

- **23번 버스를 타십시오. 정류장은 바로 저쪽입니다.**

  니쥬우산방 바스니 놋떼 구다사이 테이류우죠오와 아치라데스
  23番バスにのってください。
  ていりゅうじょうはあちらです。

부록: 길을 물을 때와 안내할 때

(5)

- 실례합니다.
  강남 고속버스터미널에 어떻게 가는지 일러주시겠습니까?

  시쯔레이시마스
  しつれいします。
  강남코오소쿠바스타미나루에 이꾸미치오 오시에떼 구다사이마셍까
  江南こうそくバスターミナルへ行くみちをおしえてくださいませんか。

- 일러드리고 말고요.

  하이
  はい。

- 길을 건너가셔서 택시를 타시고 운전수에게
  강남 버스터니널에서 내려달라고 하세요.

  미치오 와탓떼 타쿠시니 놋떼 운덴슈니
  강남바스타미나루에 이코오또 하나시데구다사이
  みちをわたってタクシーにのってうんてんしゅに江南バスターミナルへ行こうとはなしてください。

- 실례합니다.
  잠시 말씀 좀 나누실까요? [뭣 좀 물어볼 수 있습니까?]

  시쯔레이시마스 나니까 기키타이 고또가 아리마스까
  しつれいします。 何かききたいことがありますか。

- 네.

  하이
  はい。

- 이 근처에 한국식당이 있습니까?

  고노 치카꾸니 간코꾸 쇼쿠도오가 아리마스까
  このちかくにかんこくしょくどうがありますか。

- 글쎄요. 제가 아는한 없는걸로 알고 있습니다.

  소오데스네 와타시와 나이또 오모이마스
  そうですね。 私はないとおもいます。

- 중국식당만 있을 따름입니다.

  츄우고쿠쇼꾸도오다케 아리마스
  ちゅうごくしょくどうだけあります。

(7)

- **여기가 어디쯤일까?**

  고코가 도코다로오까
  ここがどこだろうか。

- **글쎄! 모르겠네요.**

  사아 와카리마셍
  さあ、わかりません。

- **틀림없이 이 근처인데**

  타시카니 고노치카꾸데스가
  たしかにこのちかくですが。

- **아, 저기 경찰관이 오네요. 물어봅시다.**

  아 아소코 케이사쯔캉가 키마스 키이데미마쇼우
  あ、あそこけいさつかんがきます。
  きいてみましょう。

- **실례합니다. 경찰관님 가장 가까운 지하철역이 어디에 있는지 일러줄 수 있습니까?**

  시쯔레이데스가
  しつれいですが。

  이치방 치까이에끼와 도코데스까
  いちばんちかいえきはどこですか。

- 실례합니다. 81번을 타면 동대문에 갈 수 있습니까?

  시쯔레이시마스 하치쥬우이찌반니 노루또 동대문에 이꾸코또가 데끼마스까

  しつれいします、81番にのると東大門へ行くことができますか。

- 네, 그렇습니다만 빙 돌아가는 길이 됩니다.
  택시를 타시면 많은 시간이 절약됩니다.

  하이 소오데스가 마왓떼 이꾸미치데스

  はい、そうですがまわって行くみちです。

  타꾸시니 노루또 지깐가 세쯔야쿠니 나리마스

  タクシーにのるとじかんがせつやくになります。

- 여기 택시가 오는군요.

  고코니 타꾸시가 키마스네

  ここにタクシーがきますね。

- 내가 잡겠습니다.

  와타시가 토리마스

  私がとります。

- **참 건물 크다! 몇 층이나 될까?**

  아노 타테모노 오오키이 낭가이 다로오까
  あのたてものおおきい、何階だろうか。

- **다나카씨 사무실은 어디에 있을까?**

  다나카산노 지무시쯔와 도코니 아루까
  たなかさんのじむしつはどこにあるか。

- **저기 안내소가 있습니다. 여직원에게 물어봅시다.**

  아소코니 안나이쇼가 아리마스 안나이스루히또니 기이떼미마쇼오
  あそこにあんないしょがあります。
  案内する人にきいてみましょう。

- **실례합니다. 아가씨,
  다나카씨 사무실은 몇 층이지요?**

  시쯔레이시마스 오조오상
  しつれいします。おじょうさん、
  다나카산노 지무시쯔와 낭가이데스까
  たなかさんのじむしつは何階ですか。

- **10층에 있습니다.**

  짓까이니 아리마스
  10かいにあります。

(16)

- **이 근처에 주유소가 있다고 하던데요.**

  고노 치까꾸니 가소린스탄도가 아루소오데스
  このちかくにガソリンスタンドがあるそうです。

- **약 열상점 아래 있는데요.**
  도로에서 조금 들어가 있습니다.

  야꾸 토오메 시타니 아리마스
  やくとおめしたにあります。

  도오로까라 스꼬시하이루또 아리마스
  道路から少し入るとあります。

- **차례를 기다리는 차들 좀 보세요.**

  쥰죠오 오맛떼이루 구루마오 고랑구다사이
  じゅんじょをまっているくるまをごらんください。

- **손님 가득 채워 드릴까요?**

  오캬꾸상 잇빠이 시마쇼오까
  おきゃくさんいっぱいしましょうか。

- **그래요.**

  하이
  はい。

(11)

● **실례합니다만, 이 길을 따라가면 지하철역이 나옵니까?**

시쯔레이데스가

しつれいですが。

코노미치오 맛수구 이꾸또 차까테쯔에끼가 아리마스까 에끼니 데마스까

この道をまっすぐいくとちかてつえきがありますか、えきにでますか。

● **네, 그렇습니다.**

하이 소오데스

はい、そうです。

● **지하철역으로 가는 지름길을 가르쳐 주시겠습니까?**

치까테쯔에끼에 이꾸 치카미치오 오시에떼 구다사이마셍까

ちかてつえきへ行く近道(ちかみち)をおしえてくださいませんか。

● **이 길로 계속 가시다보면 큰 네거리가 나옵니다.**
좌회전하시고 똑바로 가십시오.

고노미치오 맛스구 이랏샤루또 오오키이 코우샤텐가 아리마스

この道をまっすぐいらっしゃるとおおきいこうさてんがあります。

사세쯔시데 맛스구 이랏샷떼 구다사이

させつしてまっすぐいらっしゃってください。